T0281885

El poder
del arrepentimiento

El poder
del arrepentimiento

Porque mirar atrás nos
puede ayudar a avanzar

DANIEL H. PINK

Traducción de María Maestro

Obra editada en colaboración con Editorial Planeta - España

Título original: *The Power of Regret: How Looking Backward Moves Us Foreward*

© 2022, Daniel H. Pink. This edition published by arrangement with Riverhed Books, an imprint of Penguin Publishing Group a division of Penguin Random House LLC.

© 2022, Traducción: María Maestro

© Centro de Libros PAPF, SLU - Barcelona, España

Derechos reservados

© 2022, Ediciones Culturales Paidós, S.A. de C.V.
Bajo el sello editorial PAIDÓS M.R.
Avenida Presidente Masarik núm. 111,
Piso 2, Polanco V Sección, Miguel Hidalgo
C.P. 11560, Ciudad de México
www.planetadelibros.com.mx
www.paidos.com.mx

Primera edición impresa en España: septiembre de 2022
ISBN: 978-84-1344-190-0

Primera edición impresa en México: diciembre de 2022
ISBN: 978-607-569-387-3

Impreso en los talleres de Impregráfica Digital, S.A. de C.V.
Av. Coyoacán 100-D, Valle Norte, Benito Juárez
Ciudad De Mexico, C.P. 03103
Impreso en México –*Printed in Mexico*

Sumario

Tercera parte
EL ARREPENTIMIENTO RECONSTRUIDO

A pesar de que nos gustaría vivir sin remordimientos y a veces nos va-
nagloriamos de no tener ninguno, en realidad, no es posible, aunque
sólo sea porque somos mortales.

JAMES BALDWIN, 1967

Prólogo

Conocí a Daniel Pink en una cafetería junto a la plaza de Oriente en Madrid. Iba a llevar a su hijo, gran jugador de fútbol, a un campamento de verano en Toledo y pudimos conversar —gracias a los buenos oficios de nuestro editor común, Roger Domingo— de lo divino y de lo humano. Tiempo después, en 2012, Daniel tuvo la amabilidad de elogiar públicamente mi libro *Del capitalismo al talentismo: Claves para triunfar en la nueva era*, por lo que siempre le estaré agradecido.

Le admiraba desde que publicó *Free Agent Nation* y explicó cómo los agentes libres —autónomos en España o independientes en Iberoamérica— estamos marcando la nueva economía. Antes, como ideólogo de Al Gore, había convertido al exvicepresidente de Estados Unidos en líder contra el cambio climático (lo que le hizo ganar un Óscar por *Una verdad incómoda* en 2006 y, más tarde, el premio Nobel de la Paz). Después se atrevería con un cómic a la japonesa, *Las aventuras de Johnny Bunko* y nos ofrecería el libro *Una nueva mente* versado en la era conceptual, clave en el *talentismo*.

Lo mejor estaba por llegar: *La sorprendente verdad sobre qué nos motiva*, en 2010, uno de los mejores libros sobre motivación que se han escrito jamás, pues destierra el mito del palo y la zanahoria y nos enseña que toda motivación es intrínseca. En 2013 publica *Vender es humano: La sorprendente verdad sobre cómo con-*

vencer a los demás, donde le da un giro de 180 grados al talento comercial. Y en 2019 nos maravilló con *¿Cuándo? La ciencia de encontrar el momento preciso.*

El *modus operandi* de Daniel Pink es su estilo personal. Toma conceptos que creemos dominar —autónomos, la nueva era, la carrera profesional, la motivación, las ventas, la gestión del tiempo—, los transforma radicalmente y, apoyándose en todo tipo de investigaciones, nos ofrece las claves para que los aprovechemos en beneficio propio. Esto es lo que le hace único: ser un consultor estratégico a nuestro servicio.

En esta ocasión, va a transformar nuestro concepto del arrepentimiento. Una idea de gran tradición en la cultura judeocristiana —pensemos en el muro de las lamentaciones en Jerusalén, el lugar más sagrado del judaísmo— que se ha pervertido hasta ser considerada algo «de cobardes», desde la mítica canción de Edith Piaf hasta las declaraciones de Angelina Jolie, pasando por los presidentes Nixon o Trump. Un ejemplo: en la película *Belfast* (2021), que narra el sangriento conflicto en Irlanda del Norte en agosto de 1969, un niño protestante de nueve años se burla de que los actos de los católicos no tienen consecuencias al confesarse.

Daniel nos demuestra fehacientemente que el arrepentimiento, la emoción más incomprendida, es la clave del talento. Porque es una emoción que nos hace humanos, que nos hace mejores, que nos ayuda a desarrollarnos. Si haces siempre lo mismo, obtienes lo mismo. Si queremos crecer, tenemos que discernir lo que hemos hecho correctamente de lo que no y actuar en consecuencia. En eso consiste la valoración y la educación.

El arrepentimiento parte del diagnóstico, de nuestro DAFO, para llevarnos a la acción, al propósito de enmienda. «Lo lamento y pretendo que no vuelva a suceder, porque he aprendido la lección.» *Regret* proviene del verbo escandinavo «llorar». *Arrepentimiento* procede del latín *paentiere*, sentirse falto de algo, insatisfecho, con la terminación de un verbo reflexivo (hacia uno mismo) y el prefijo *ar* (hacia el propósito). *Lamentarse* viene de *clamare*: gritar, quejarse. El arrepentimiento nos conduce de la emoción dolorosa, que es una reacción de corta duración, al sentimiento, que es algo reflexionado y nos sirve para pensar, para hacer. Algo muy útil en este mundo sensiblero y polarizado que debemos transformar positivamente con reequilibrio.

Me encanta la conexión que Daniel establece, a través del arrepentimiento, con las tesis de Jonathan Haidt en *La transformación de la mente moderna*. El mundo necesita, tanto como la pasión, la compasión. Y para empezar, la compasión hacia uno mismo a través del arrepentimiento. Cuidado con los Procustos, ese personaje de la mitología griega, hijo de Poseidón, que ajustaba a sus invitados a su lecho serrándoles las piernas o estirándolos mediante tortura. Estas personas se encuentran con una realidad que, como Teseo, los hace probar de su propia medicina a través del fracaso.

Estoy convencido de que este magnífico libro te va a cambiar la vida a mejor y le va a dar mayor sentido a tu humildad, a tu vulnerabilidad y a tu compasión. Va a hacer que te replantees tu equilibrio. Como el 80 por ciento de las personas creemos que todo en la vida ocurre por algo, te va a permitir la redención. ¿Qué te parece?

JUAN CARLOS CUBEIRO
presidente para Europa de About My Brain, socio de IDEO
Business y consejero del Human Age Institute

PRIMERA PARTE

EL ARREPENTIMIENTO RECLAMADO

1

El demoledor sinsentido de no arrepentirse

El 24 de octubre de 1960, un compositor llamado Charles Dumont llegó al lujoso apartamento de Edith Piaf con miedo en el corazón y canciones en su maletín. En aquella época, Piaf era quizá la celebridad más conocida de Francia y una de las cantantes más famosas del mundo. Y también bastante frágil. Aunque sólo tenía cuarenta y cuatro años, las adicciones, los accidentes y una vida dura le habían destrozado el cuerpo. Pesaba menos de cincuenta kilos. Tres meses antes, Piaf había sufrido un coma hepático.

Pese a su quebradiza presencia, seguía manteniendo un carácter manifiestamente voluble y temperamental. Consideraba a Dumont y a su socio profesional, que le había acompañado en la visita, el letrista Michel Vaucaire, talentos musicales de segunda categoría. A primera hora de ese mismo día, su secretaria les había dejado mensajes tratando de cancelar la reunión. En un principio, Piaf se negó a ver a aquellos dos hombres, obligándolos a una incómoda espera en su salón. Pero justo antes de acostarse apareció envuelta en una bata azul dando su brazo a torcer.

«Escucharé una sola canción —les dijo—. Eso es todo.»

Dumont se sentó al piano de Piaf. Sudando la gota gorda y hecho un manojo de nervios, empezó a tocar su música mientras pronunciaba con un hilo de voz la letra que había escrito Vaucaire.[1]

Non, rien de rien.
Non, je ne regrette rien.
[No, de nada.
No, no me arrepiento de nada.]

Ella le pidió a Dumont que volviera a tocarla, preguntándose en voz alta si realmente la habría escrito él. Congregó a algunos amigos que estaban de visita para escucharla. Luego reunió a todos los empleados de la casa para que la oyesen de nuevo.

Pasaron las horas. Dumont tocó repetidamente la canción, según se dice, más de veinte veces. Piaf llamó por teléfono al director de L'Olympia, la principal sala de conciertos de París, que se presentó para escuchar la obra poco antes del amanecer.

Non, rien de rien.
Non, je ne regrette rien.
C'est payé, balayé, oblié.
Je me fous du passé.
[No, de nada.
No me arrepiento de nada.
Está pagado, barrido, olvidado.
Me importa un bledo el pasado.]

Al cabo de unas semanas, Piaf cantó la canción de dos minutos y diecinueve segundos en la televisión francesa. En diciembre, cuando la interpretó como el emocionante número final que ayudó a rescatar a L'Olympia de la ruina, recibió tal ovación del público que tuvo que salir la friolera de veintidós veces a saludar al escenario. Hacia el final del año siguiente, sus fans habían comprado más de un millón de copias de su disco *Je ne regrette rien*, elevando su estatus de cantante a icono.

Tres años más tarde, Piaf fallecía.

Una fría mañana dominical de febrero de 2016, Amber Chase se despertó en su apartamento de Calgary, Canadá. Su entonces novio (y ahora marido) estaba fuera de la ciudad y la víspera ella había salido con un grupo de amigas y algunas se habían quedado a dormir en su casa. Estaban charlando y bebiendo mimosas cuando Chase, impulsada por una mezcla de inspiración y aburrimiento, dijo: «¡Vamos a tatuarnos algo!». Así que se dirigieron a Jokers Tatto&Body Piercing, en la autopista 1, donde el artista local grabó dos palabras en la piel de Chase.

El tatuaje que Chase se hizo ese día era casi idéntico al que Mirella Battista había decidido hacerse cinco años antes, a 3.500 kilómetros de distancia. Battista se crió en Brasil y, con poco más de veinte años, se trasladó a Filadelfia para ir a la universidad. Le encantaba su ciudad de adopción. Mientras estudiaba, consiguió un trabajo en una empresa de contabilidad. Hizo un montón de amigos. Incluso forjó una relación sentimental con un chico de allí. Ambos parecían destinados a casarse cuando, tras cinco años juntos, ella y su novio rompieron. Nueve años después de llegar a Estados Unidos buscando lo que ella llamaba un «botón de reinicio», volvió a Brasil. No obstante, semanas antes de volver, se tatuó dos palabras justo detrás de la oreja derecha.

Sin que Battista lo supiera, su hermano, Germanno Teles, se había hecho casi el mismo tatuaje el año anterior. Teles era un enamorado de las motos desde niño, afición que sus padres, médicos preocupados por la seguridad, no apoyaban ni compartían. Sin embargo, él aprendió todo lo que pudo sobre las motos, ahorró unos *centavos*[2] y acabó comprándose una Suzuki. Le encantaba. Una tarde, mientras circulaba por la autopista en los alrededores de Fortaleza, su ciudad natal, un vehículo lo atropelló, se lesionó la pierna izquierda y se truncaron sus días como piloto. Poco tiempo después se tatuó una moto justo debajo de la rodilla de esa pierna. Junto al dibujo, dos palabras se arqueaban a lo largo de la cicatriz.

El tatuaje que Teles se hizo aquel día era casi idéntico al que en 2013 se haría Bruno Santos en Lisboa, Portugal. Santos es un ejecutivo de recursos humanos que no conoce a Chase, ni a Battista ni a Teles. Frustrado por el trabajo, una tarde salió de la oficina y se dirigió a un salón de tatuajes. De allí salió con una frase impresa en inglés en su antebrazo derecho.

Cuatro personas que vivían en tres continentes distintos con las mismas dos palabras tatuadas en inglés: No REGRETS [sin arrepentimientos].

Una deliciosa pero peligrosa doctrina

Algunas creencias operan en silencio, como música de fondo existencial. Otras se convierten en himnos de un modo de vida. Pocos credos resuenan con más fuerza que la doctrina de que el arrepentimiento es algo estúpido que nos hace perder el tiempo y sabotea nuestro bienestar. Desde todos los rincones de la cultura, resuena ese mensaje. Olvida el pasado, aprovecha el futuro. Evita lo amargo, saborea lo dulce. Una buena vida tiene un enfoque singular (hacia delante) y una valencia inquebrantable (positiva). El arrepentimiento perturba ambas cosas. Es retrógrado y desagradable, una toxina en el torrente sanguíneo de la felicidad.

No es de extrañar, por tanto, que la canción de Piaf siga siendo una piedra de toque para otros músicos y un clásico en todo el mundo. Los artistas que han grabado canciones con el título de «No Regrets» van desde la leyenda del *jazz* Ella Fitzgerald hasta la estrella del pop británico Robbie Williams, pasando por el grupo cajún Steve Riley&The Mamou Playboys, el cantante de *blues* estadounidense Tom Rush, la integrante del Salón de la Fama de la música *country* Emmylou Harris o el rapero Eminem. Marcas de coches de lujo, de chocolatinas y de compañías de seguros han defendido esta filosofía utilizando el «Je ne regrette rien» [No me arrepiento de nada] en sus anuncios de televisión.[3]

¿Y qué mayor compromiso hay con un sistema de creencias que llevarlo literalmente en la manga como Bruno Santos, que tenía la ética consagrada en minúsculas negras entre el codo y la muñeca de su brazo derecho?

Si miles de partes del cuerpo manchadas de tinta no te convencen, escucha a dos gigantes de la cultura estadounidense que, pese a no compartir género, religión ni política, también se alinearon en torno a este artículo de fe. No dejes «espacio para el arrepentimiento», advertía el Dr. Norman Vincent Pale, reverendo y pionero del pensamiento positivo que dio forma al cristianismo del siglo XX y mentor de Richard Nixon y Donald Trump. «No pierdas el tiempo en... arrepentirte», aconsejaba la jueza Ruth Bader Ginsburg, la segunda mujer en formar parte de la Corte Suprema de Estados Unidos, que practicó el judaísmo y que, en los últimos años de su vida, llegó a alcanzar el estatus de diosa entre los liberales estadounidenses.[4]

Si lo prefieres, puedes quedarte con la palabra de las celebridades. «No creo en el arrepentimiento», dice Angelina Jolie. «No creo en el arrepentimiento», dice Bob Dylan. «No creo en el arrepentimiento», dice John Travolta. Y la estrella transgénero Laverne Cox. Y el maestro de la motivación Tony Robbins. Y el guitarrista de Guns N'Roses Slash.[5] Y, apuesto, casi la mitad de los volúmenes de la sección de autoayuda de tu librería más cercana. La biblioteca del Congreso de Estados Unidos cuenta con más de cincuenta libros con el título *No Regrets*[6] en su colección.

Incluida en canciones, blasonada en la piel y abrazada por los sabios, la filosofía en contra del arrepentimiento es tan manifiestamente cierta que, más que argumentarse, a menudo se afirma. ¿Por qué invitar al dolor cuando podemos evitarlo? ¿Por qué invocar una nube de lluvia cuando nos podemos bañar en los soleados rayos de la positividad? ¿Por qué lamentar lo que hicimos ayer cuando podemos soñar con las infinitas posibilidades del mañana?

Esta visión del mundo cobra un sentido intuitivo. Parece correcta. Convincente. Pero tiene un defecto que no es en absoluto baladí.

Es totalmente errónea.

Lo que proponen las brigadas contra el arrepentimiento no es un proyecto para una vida bien vivida. Lo que proponen es —si bien está cuidadosamente elegida, disculpa la palabra— mierda.

El arrepentimiento no es algo peligroso ni raro, ni una desviación del camino firme que conduce a la felicidad. Es sano y universal, una parte consustancial al ser humano. El arrepentimiento también es valioso. Esclarece. Enseña. Bien hecho, no tiene por qué hundirnos, sino que nos eleva.

Y no se trata de un sueño difuso, de una empalagosa aspiración concebida para hacernos sentir más cálidos y afectuosos en un mundo frío e insensible. Esto es lo que los científicos han concluido en una investigación que empezó hace más de medio siglo.

Éste es un libro sobre el arrepentimiento, la estremecedora sensación de que tendrías un mejor presente y un futuro más brillante si en el pasado no hubieras elegido tan mal, decidido tan erróneamente o actuado de un modo tan estúpido. A lo largo de los próximos trece capítulos, espero que veas el arrepentimiento bajo una luz nueva y más precisa, aprendiendo a utilizar sus poderes metamórficos como una fuerza para el bien.

No debemos dudar de la sinceridad de quienes dicen no arrepentirse. Deberíamos pensar, por el contrario, que son actores que interpretan un papel y que lo hacen tan a menudo y de un modo tan profundo que empiezan a creer que ese papel es real. Este tipo de autoengaño psicológico es común. A veces, puede ser saludable. Pero lo más frecuente es que la interpretación impida a la gente llevar a cabo el difícil trabajo que genera la satisfacción genuina.

Pensemos en Piaf, la consumada intérprete. Afirmaba —incluso proclamaba— no arrepentirse de nada. Pero un rápido vistazo a sus cuarenta y siete años en la tierra revela una vida inundada de tragedias y problemas. Con diecisiete años, tuvo un hijo al que abandonó, dejándolo al cuidado de terceros, y que murió antes de cumplir los tres años. ¿No sintió siquiera una punzada de remordimiento por esa muerte? Pasó una parte de su vida adulta enganchada al alcohol y otra, a la morfina. ¿No lamentó nunca sufrir una dependencia que ahogaba su talento? Tuvo, por decirlo suavemente, una vida personal turbulenta, incluyendo un matrimonio desastroso, un amante muerto y un segundo marido al que cargó de deudas. ¿No se arrepintió de, por lo menos, alguna de sus elecciones sentimentales? No es fácil imaginar a Piaf en su lecho de muerte celebrando sus decisiones, especialmente cuando muchas de ellas la llevaron a ese lecho décadas antes de tiempo.

Tomemos, por ejemplo, a nuestra lejana tribu de los tatuajes. Basta con hablar con ellos para darse cuenta de que la expresión externa de «No Regrets» —la interpretación— y la experiencia interna son diferentes. Por ejemplo, Mirella Battista dedicó muchos años a una relación formal. Cuando ésta se rompió, ella se sintió fatal. De haber tenido la oportunidad de volver atrás, probablemente habría tomado otras decisiones. Eso es arrepentimiento. Sin embargo, también reconoció que sus decisiones no habían sido las mejores y aprendió de ellas. «Cada decisión me ha llevado adonde estoy ahora y me ha hecho ser quien soy», me dijo. Ése es el lado positivo del arrepentimiento. No es que Battista haya borrado el arrepentimiento de su vida (al fin y al cabo, lleva la palabra impresa en la piel). Tampoco le restó importancia. Pero lo optimizó.

Amber Chase, que tenía treinta y cinco años cuando hablamos por Zoom, me dijo una noche: «Hay tantos giros erróneos que uno puede dar en la vida...». Uno de los suyos fue su primer matrimonio. Con veinticinco años se casó con un hombre que resultó que «tenía un montón de problemas». Fue una unión a menudo infeliz y, a veces, tormentosa. Un día, sin previo aviso, su marido desapareció. «Se subió a un avión y se marchó... y yo no supe dónde estaba durante dos semanas.» Cuando finalmente la llamó, le dijo: «Ya no te amo, no voy a volver a casa». En un abrir y cerrar de ojos, el matrimonio había acabado. Si tuviera que volver a hacerlo, ¿se habría casado con aquel tipo? De ninguna manera. Sin embargo, ese desafortunado movimiento impulsó el camino hacia el feliz matrimonio del que hoy disfruta.

El tatuaje del Che hace un guiño a lo endeble de la filosofía que dice respaldar. El suyo no dice «No Regrets», sino «No Ragrets», con la segunda palabra (*arrepentimiento*) mal escrita deliberadamente. La elección era un homenaje a la película *Somos los Miller*, una comedia de 2013 que pasó sin pena ni gloria, en la que Jason Sudeikis interpreta a David Clark, un traficante de marihuana de poca monta que se ve obligado a crear una familia ficticia (una esposa y dos hijos adolescentes) para saldar una deuda con un gran traficante. En una de las escenas, David conoce a Scottie P., un jo-

ven de dudosa reputación que ha llegado en moto a buscar a la
«hija» de David.

Scottie P. lleva una camiseta blanca sin mangas que deja ver
varios tatuajes, entre ellos uno que le recorre el cuello y que reza
en letras mayúsculas No Ragrets. David le invita a sentarse para
una rápida charla que comienza con un repaso de sus tatuajes y da
lugar al siguiente intercambio:

DAVID
(*Señalando el mentado tatuaje.*)
¿Cuál es ése de ahí?

SCOTTIE P.
Oh, ¿éste? Es mi credo. No arrepentirme.

DAVID
(*Con cara de escepticismo.*)
No me digas. ¿No te arrepientes de nada?

SCOTTIE P.
Nop...

DAVID
Pero... ¿ni siquiera de una sola letra?

SCOTTIE P.
No, no se me ocurre ninguna.

Si Scottie P. llega a dudar algún día de las palabras que rodean su cuello, no será el único. Casi una de cada cinco personas
que se hacen tatuajes (presumiblemente incluyendo a aquellas cuyos tatuajes rezan No Regrets) acaban arrepintiéndose de su
decisión, razón que explica que el negocio de eliminación de tatuajes sea una industria que factura cien millones de dólares anua-
les en Estados Unidos.[7] Chase, sin embargo, no se arrepiente del
suyo, tal vez porque la mayoría de la gente nunca lo verá. En

aquel frío domingo de Calgary de 2016, eligió situar su tatuaje en el trasero.

El poder positivo de las emociones negativas

A principios de la década de 1950, un estudiante de economía de la Universidad de Chicago llamado Harry Markowitz concibió una idea tan elemental que, aunque ahora parece obvia, resultó ser tan revolucionaria que le valió un Nobel.[8] Su gran idea llegó a conocerse como la «teoría moderna de carteras». Lo que descubrió —si se me permite contarlo a grandes rasgos para seguir con la historia— fue la matemática que subyace al adagio «No pongas todos los huevos en la misma cesta».

Antes de que apareciera Markowitz, muchos inversores creían que el camino hacia la riqueza era invertir en uno o dos valores de gran potencial. A fin de cuentas, unas pocas acciones solían producir grandes rendimientos. Elige a las ganadoras y conseguirás una fortuna. Con esta estrategia, acabarás encontrándote más de un fiasco, pero, bueno, así funciona la inversión. Es arriesgada. Markowitz demostró que, en lugar de seguir esta receta, los inversores podían reducir el riesgo y seguir produciendo ganancias saludables mediante la diversificación: invertir en un conjunto de valores, no sólo en uno, ampliar las apuestas a través de una variedad de industrias. Los inversores no ganarán a lo grande con cada elección, pero, con el tiempo, percibirán más dinero con menor riesgo. Si tienes algún ahorro aparcado en fondos indexados o ETF, la teoría moderna de carteras explica el porqué.

Por muy poderosa que sea la visión de Markowitz, no solemos aplicar su lógica a otros aspectos de nuestra vida. Por ejemplo, los seres humanos también tenemos lo que equivaldría a una cartera de emociones. Algunas de ellas son positivas, como el amor, el orgullo y el asombro. Otras son negativas, como la tristeza, la frustración o la vergüenza. Por lo general, tendemos a sobrevalorar una categoría y a minusvalorar la otra. Siguiendo el consejo de terceros y nuestra propia intuición, llenamos nuestras carteras de emociones positivas y vendemos las negativas. Sin embargo, adoptar este enfoque respecto de las emociones —descartar las negativas y acumular las positivas— es tan erróneo como el enfoque de inversión que prevalecía antes de la teoría moderna de carteras.

Las emociones positivas son esenciales, por supuesto. Estaríamos perdidos sin ellas. Es importante ver el lado bueno de las cosas, tener pensamientos alegres, detectar la luz en la oscuridad. El optimismo se asocia con una mejor salud física. Emociones como la alegría, la gratitud y la esperanza aumentan notablemente nuestro bienestar.[9] Necesitamos muchas emociones positivas en nuestra cartera y deben ser más numerosas que las negativas.[10] Con todo, sobrecargar nuestra inversión con un exceso de positividad también tiene sus riesgos. El desequilibrio puede inhibir el aprendizaje, obstaculizar el crecimiento y limitar nuestro potencial.

Por eso, las emociones negativas son esenciales. Nos ayudan a sobrevivir. El miedo nos impulsa a salir de un edificio en llamas y hace que pisemos con cautela para evitar una serpiente. El asco nos protege de los venenos y nos hace recular ante el mal comportamiento. La ira nos alerta de las amenazas y provocaciones de los demás, además de que agudiza nuestro sentido del bien y del mal. Un exceso de emociones negativas es, por supuesto, debilitante. Sin embargo, tener pocas también es destructivo.[11] Un socio que se aprovecha de nosotros una y otra vez es esa serpiente que clava sus dientes en nuestra pierna. Tú y yo, así como nuestros hermanos erguidos, bípedos y de cerebro grande, no estaríamos aquí si careciéramos de la capacidad, ocasional pero sistemática, de sentirnos mal.

Y cuando reunimos toda la gama de emociones negativas —la tristeza junto al desprecio adyacente a la culpa—, una de ellas emerge sobre el resto como la más dominante y poderosa: el arrepentimiento.

El propósito de este libro es reivindicar el arrepentimiento como una emoción indispensable y enseñarte a utilizar sus múltiples puntos fuertes para tomar mejores decisiones, rendir más en el trabajo y en los estudios y dar sentido a tu vida.

Comienzo con el proyecto reivindicativo. En la primera parte —que incluye el presente capítulo y los tres siguientes—, muestro por qué el arrepentimiento es tan importante. Gran parte de este análisis se basa en un amplio corpus de estudios acumulados en las últimas décadas. Los economistas y teóricos del juego, que trabajaban a la sombra de la guerra fría, empezaron a estudiar el tema en la década de 1950, cuando arrasar el planeta con una bomba nuclear era el mayor de los actos susceptibles de arrepentimiento.

En poco tiempo, algunos psicólogos renegados, entre ellos los ahora legendarios Daniel Kahneman y Amos Tversky, se dieron cuenta de que el arrepentimiento ofrecía una ventana no sólo a las negociaciones de alto riesgo, sino a la mente humana. En la década de 1990, el campo se amplió aún más y un nutrido grupo de psicólogos sociales, del desarrollo y cognitivos comenzaron a investigar el funcionamiento interno del arrepentimiento.

Los setenta años de investigación se resumen en dos sencillas pero urgentes conclusiones:

- El arrepentimiento nos hace humanos.
- El arrepentimiento nos hace mejores.

Tras reclamar el arrepentimiento, pasaré a divulgar sus contenidos. La segunda parte, «El arrepentimiento revelado», se basa en dos extensos proyectos de investigación que he dirigido. En 2020, en colaboración con un pequeño equipo de expertos en el estudio de encuestas, concebimos y llevamos a cabo el mayor análisis cuantitativo jamás realizado de las actitudes de los estadounidenses respecto del arrepentimiento: «The American Regret Proyect» [El proyecto del arrepentimiento estadounidense]. Sondeamos y categorizamos los arrepentimientos de 4.489 personas, que conformaban una muestra representativa de la población estadounidense.[12] Al mismo tiempo, lanzamos un sitio web <www.worldregretsurvey.com>, al que denominamos World Regret Survey [Encuesta Mundial sobre el Arrepentimiento], que ha recogido más de dieciséis mil arrepentimientos de personas de ciento cinco países. He analizado el texto de esas respuestas y he realizado entrevistas de seguimiento a más de cien personas que decían sentirse arrepentidas. En el texto, oirás la voz de los participantes en la Wold Regret Survey, lo que te permitirá asomarte a todos los rincones de la experiencia humana.

Con estas dos enormes encuestas como base, los siete capítulos de la segunda parte examinan de qué se arrepiente realmente la gente. La mayoría de las investigaciones académicas sobre el tema clasifican los arrepentimientos en función de los distintos ámbitos de la vida de las personas: trabajo, familia, salud, relaciones, economía, etcétera. Sin embargo, bajo esta superficie, he encontrado una estructura profunda del arrepentimiento que trasciende los límites de cada ámbito. Prácticamente todos los arrepentimientos se enmarcan en una de estas cuatro categorías: arrepentimientos de base, arrepentimientos de audacia, arrepentimientos morales y arrepentimientos de conexión. La estructura profunda, *a priori* oculta a la vista, ofrece una nueva visión de la condición humana, así como el camino hacia una buena vida.

La tercera parte, «El arrepentimiento reconstruido», describe cómo convertir la emoción negativa del arrepentimiento en un instrumento positivo para mejorar tu vida. Aprenderás a deshacer y replantear cierto tipo de arrepentimientos para ajustar el presente. Además, te enseñaré un sencillo proceso de tres pasos que te permitan transformar otros arrepentimientos para que te preparen de cara al futuro. Por otro lado, exploraré cómo anticiparse al arrepentimiento, una medicina conductual que puede ayudarnos a tomar decisiones más sabias, pero debería venir con una etiqueta de advertencia.

Cuando llegues al final del libro, tendrás una nueva comprensión de nuestra emoción más incomprendida, un conjunto de técnicas para prosperar en un mundo complejo y un sentido más profundo de lo que te hace vibrar y lo que hace que la vida valga la pena.

«Me arrepiento de haber empeñado mi flauta. Me encantaba cuando iba al instituto, pero cuando empecé mis estudios en la universidad, estaba sin blanca y la empeñé por treinta. Nunca tuve dinero para recuperarla. Mi madre trabajó mucho para pagarme el instrumento cuando empecé a tocar en una banda de principiantes y no me podía gustar más. Era mi posesión más preciada. Sé que puede parecer absurdo porque es una "cosa", pero para mí era algo más: el apoyo incondicional de mi madre pagando a plazos un instrumento que no nos podíamos permitir, horas y horas de práctica para tocar y recuerdos felices con mis mejores amigos en una banda de música. Perderla es algo que no puedo cambiar y sueño a menudo con ello.»

Mujer, cuarenta y un años, Alabama

//

«Me arrepiento de haberme apresurado a casarme con mi mujer. Ahora, con tres hijos, es difícil volver atrás. A mis hijos, el divorcio les rompería el corazón.»

Hombre, treinta y dos años, Israel

//

«De niña, mi madre me mandaba a un pequeño colmado a comprar lo que hacía falta. A menudo robaba una chocolatina cuando el tendero no miraba. Llevo con eso en la cabeza sesenta años.»

Mujer, setenta y un años, Nueva Jersey

2

Por qué el arrepentimiento nos hace humanos

¿Qué es eso que llamamos *arrepentimiento*?

Para ser una sensación tan fácil de reconocer, el arrepentimiento es sorprendentemente difícil de definir. Científicos, teólogos, poetas y médicos lo han intentado. Es «el desagradable sentimiento asociado a una determinada acción u omisión de una persona que genera un estado de cosas que ésta desearía que fueran diferentes».[1] «El arrepentimiento surge de la comparación entre el resultado real y el que se habría producido si el responsable de la decisión hubiera hecho una elección diferente», sentencian los teóricos de la gestión.[2] Es «un sentimiento de malestar asociado a un pensamiento del pasado, sumado a la identificación de un objeto y al anuncio de una inclinación a comportarse de cierta manera en el futuro», dicen los filósofos.[3]

Así como la definición precisa parece esquiva, la razón es reveladora: el arrepentimiento se entiende mejor más como proceso que como objeto.

Viajar en el tiempo y contar historias

Este proceso parte de dos habilidades, dos capacidades únicas de nuestra mente. Mentalmente, podemos visitar el pasado y el futuro y contar la historia de algo que nunca llegó a pasar. Los seres humanos somos a la vez experimentados viajeros en el tiempo y fabuladores empedernidos. Estas dos capacidades se entrelazan para formar la doble hélice cognitiva que posibilita el arrepentimiento.

Piensa en el siguiente caso de arrepentimiento, uno de los muchos miles enviados a la World Regret Survey:

> Ojalá hubiera seguido mi voluntad de graduarme en la carrera de mi elección en lugar de ceder a los deseos de mi padre y acabar dejando los estudios. Mi vida habría seguido otra trayectoria. Sería más satisfactoria, más plena, y me habría ayudado a sentirme más realizada.

En pocas palabras, esta mujer de Virginia de cincuenta y dos años lleva a cabo una asombrosa hazaña de agilidad cerebral. Insatisfecha con el presente, retorna al pasado, décadas atrás, cuando era una joven que contemplaba su camino educativo y profesional. Una vez allí, *niega* lo que realmente sucedió —ceder a los deseos de su padre— y lo sustituye por una alternativa: se inscribe en la carrera universitaria de *su* elección. Luego vuelve a subirse a su máquina del tiempo y se precipita hacia adelante, pero, como ha reconfigurado el pasado, el presente que encuentra al llegar es muy distinto del que dejó hace un momento. En este mundo recién remodelado, se siente satisfecha, realizada y completa.

Esta combinación de viaje en el tiempo y fabulación es un superpoder humano. Cuesta imaginarse a otra especie haciendo algo tan complejo, del mismo modo que no podemos pensar en una medusa componiendo un soneto o en un mapache enchufando una lámpara de pie.

Con todo, desplegamos este superpoder sin esfuerzo. De hecho, está tan profundamente impreso en los seres humanos que las únicas personas que carecen de esta capacidad son los niños, cuyo cerebro no se ha desarrollado del todo, y los adultos cuyo cerebro se ha visto afectado por una enfermedad o una lesión.

Por ejemplo, en un estudio, los psicólogos del desarrollo Robert Guttentag y Jennifer Ferrell leyeron una historia a grupos de niños que decía lo siguiente:

Dos niños, Bob y David, viven cerca y van en bicicleta al colegio todas las mañanas. Para llegar hasta allí, los chicos toman un carril bici que rodea un estanque. Los ciclistas pueden circular por el lado derecho o por el izquierdo. David toma siempre el camino que bordea el lado izquierdo.

Una mañana, Bob, como de costumbre, va por el lado derecho del estanque, pero por la noche había caído una rama en el camino. Bob choca con la rama, se cae de la bici, se hace daño y llega tarde al colegio. El lado izquierdo del camino estaba bien.

Esa misma mañana, David, que siempre toma el camino izquierdo, decide tomar el lado derecho del estanque. David también se estrella contra la rama, sale despedido, se lastima y llega tarde al colegio.

Acto seguido, los investigadores preguntaron a los niños quién de los dos se sentía más molesto por haber tomado ese día el camino que pasaba por el lado derecho del estanque: ¿Bob, que elige ese camino a diario, o David, que suele ir por el izquierdo, pero que esa vez decidió ir por el derecho? ¿O se sentirían igual?

Los niños de siete años «obtuvieron resultados muy similares a los de los adultos en las pruebas de comprensión del arrepentimiento», escriben Guttentag y Ferrell. El 70 por ciento de ellos comprendió que lo más probable es que David se sintiera peor. Sin embargo, los de cinco años mostraron una pobre comprensión del concepto. Casi tres cuartas partes de ellos dijeron que los niños sentirían lo mismo.[4] Los cerebros jóvenes tardan unos años en adquirir la fuerza y la musculatura necesarias para llevar a cabo el acto de equilibrismo mental —que oscila entre el pasado y el presente, entre la realidad y la imaginación— que exige el arrepentimiento.[5] Por eso, la mayoría de los niños no entienden el arrepentimiento hasta los seis años.[6] Sin embargo, a los ocho desarrollan la capacidad de anticiparlo.[7] Al llegar a la adolescencia, las habilidades de pensamiento necesarias para experimentar el arrepentimiento ya han aflorado.[8] El arrepentimiento es un indicador de una mente sana y madura.

Es tan fundamental para nuestro desarrollo y tan crucial para desenvolvernos correctamente que, entre los adultos, su ausencia puede ser señal de un problema grave. Un importante estudio de 2004 así lo manifiesta. Un equipo de científicos cognitivos organizó un sencillo juego de azar en el que los participantes debían elegir una de entre dos ruedas virtuales similares a una ruleta y hacerla girar. Dependiendo de en qué lugar cayera la flecha en la rueda elegida, ganarían o perderían dinero. Cuando los participantes giraban la rueda y perdían dinero, se sentían mal. Normal. Pero cuando la giraban, perdían dinero y se enteraban de que, de haber elegido la otra, lo habrían *ganado*, se sentían *realmente* mal. Experimentaron el arrepentimiento.

Con todo, hubo un grupo que no se sintió peor al descubrir que una elección diferente habría producido un mejor resultado: las personas con lesiones en una parte del cerebro denominada *corteza orbitofrontal*. «Parece que no experimentan ningún tipo de arrepentimiento —escribieron la neurocientífica Nathalie Camille y sus colegas en la revista *Science*—. Estos pacientes no comprenden el concepto.»[9] Dicho de otro modo, la incapacidad de sentir arrepentimiento, algo así como la apoteosis de lo que propugna la filosofía de «no arrepentirse», no era una ventaja, sino un signo de daño cerebral.

Los neurocientíficos han descubierto que el patrón es similar al de otras enfermedades del cerebro. Varios estudios presentan a los participantes una sencilla prueba como ésta:

María se pone enferma después de ir a un restaurante que visita a menudo. Ana enferma después de comer en un restaurante en el que jamás había estado hasta entonces. ¿Quién lamenta más la elección del restaurante?

La mayoría de las personas sanas saben de inmediato que la respuesta es «Ana». Sin embargo, quienes padecen la enfermedad de Huntington, un trastorno hereditario neurodegenerativo, no ven la obviedad. Se limitan a adivinar; dan con la respuesta correcta por casualidad.[10] Lo mismo sucede con los enfermos de Parkinson. Tampoco ellos logran deducir la respuesta que tú seguramente has intuido.[11] El efecto es especialmente devastador en los pacientes con esquizofrenia. Su enfermedad desordena el pensamiento complejo que he descrito, creando un déficit de razonamiento que altera la capacidad de comprender o experimentar el arrepentimiento.[12] Estos déficits son tan pronunciados en tantas enfermedades psiquiátricas y neurológicas que los médicos utilizan este deterioro para identificar problemas más profundos.[13] En suma, las personas sin remordimientos no son un modelo de salud psicológica. Suelen estar gravemente enfermas.

Nuestra doble capacidad de viajar en el tiempo y reescribir los acontecimientos impulsa el proceso de arrepentimiento, pero el proceso no se completa hasta que damos dos pasos adicionales que distinguen el arrepentimiento de otras emociones negativas.

En primer lugar, comparamos. Volvamos a la mujer de cincuenta y dos años de la encuesta, la que desearía haber seguido sus deseos en lugar de los de su padre en cuanto a su formación. Supongamos que ella sufre porque su situación actual es lamentable. En sí mismo, eso no es un arrepentimiento. Es tristeza, melancolía o desesperación. La emoción *deviene* arrepentimiento cuando ella hace el trabajo de poner en marcha la máquina del tiempo, negando el pasado y *contrastando* la realidad de su sombrío presente con lo que podría haber sido. La comparación es el núcleo del arrepentimiento.

En segundo lugar, evaluamos la culpa. El arrepentimiento es culpa tuya, de nadie más. Un prestigioso estudio descubrió que casi el 95 por ciento de los arrepentimientos que expresan las personas tienen que ver con situaciones que controlaban, no con circunstancias externas.[14] Vuelve a pensar en nuestra arrepentida de Virginia. Ella compara su insatisfactoria situación con una alternativa imaginada y se queda con las ganas. Ese paso es necesario, pero no suficiente. Lo que la empuja al reino del arrepentimiento es la razón por la que dicha alternativa no existe: sus decisiones y acciones. Ella es la causa de su propio sufrimiento. Eso hace que el arrepentimiento sea diferente —y más angustioso— que una emoción negativa como la decepción. Por ejemplo, puedo sentirme decepcionado porque el equipo de baloncesto de mi ciudad, los Washington Wizards, no haya ganado el campeonato de la NBA, pero, como no soy su entrenador ni visto la camiseta del equipo, no soy responsable y, por consiguiente, no puedo lamentarlo. Sólo me enfado y espero que ganen la temporada siguiente. O consideremos un ejemplo de Janet Landman, una antigua profesora de la Universidad de Míchigan que ha escrito mucho sobre el arrepentimiento.

> Un día, una niña pierde su tercer diente. Antes de irse a la cama, deja el diente bajo la almohada. A la mañana siguiente, cuando despierta, descubre que el ratoncito Pérez se ha olvidado de reemplazar su diente por un premio. La niña está *disgustada*. Pero son los padres de la niña los que *se arrepienten* del lapsus.[15]

Tenemos dos habilidades como seres humanos que nos separan del resto de las especies, seguidas de dos pasos que alejan el arrepentimiento de otras emociones negativas. Ése es el proceso que produce esta emoción singularmente dolorosa y muy humana. Aunque parezca complicado, el proceso acaece con poca conciencia y aún menos esfuerzo. Es parte de lo que somos. Como dicen dos académicos holandeses, Marcel Zeelenberg y Rick Pieters, «la maquinaria cognitiva de las personas está preprogramada para el arrepentimiento».[16]

«Un elemento esencial de la experiencia humana»

El resultado de esta preprogramación cognitiva es que el arrepentimiento, a pesar de todas las exhortaciones para desterrarlo, es notablemente común. En el American Regret Project, formulamos a nuestra muestra de 4.489 personas una pregunta sobre su comportamiento que evitaba intencionadamente el uso del término *arrepentimiento*: «¿Con qué frecuencia miras atrás en tu vida y deseas haber hecho las cosas de otra forma?». Las respuestas, que se muestran en el siguiente gráfico, son reveladoras.

Sólo el 1 por ciento de nuestros encuestados dijo no haber tenido nunca este tipo de comportamiento y menos de un 17 por cien-

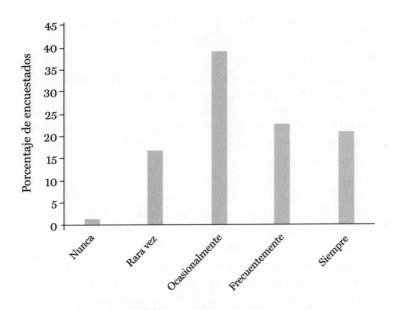

Figura 1. ¿Con qué frecuencia miras atrás en tu vida
y deseas haber hecho las cosas de otra forma?
Fuente: Daniel Pink *et al.*, American Regret Project, 2021.

to manifestó hacerlo rara vez, pero el 43 por ciento afirmó hacerlo con frecuencia o todo el tiempo. En total, la friolera del 82 por ciento manifestó que esta actividad formaba parte de su vida por lo menos de manera ocasional, lo que hace que los estadounidenses sean más propensos a experimentar el arrepentimiento que a utilizar el hilo dental.[17]

Este hallazgo se hace eco de lo que los investigadores llevan sabiendo desde hace cuarenta años. En 1984, la socióloga Susan Shimanoff grabó las conversaciones cotidianas de un grupo de estudiantes universitarios y de otro de parejas casadas. Analizó las grabaciones y transcripciones e identificó las palabras que expresaban o describían emociones. Luego recopiló una lista de las emociones, positivas y negativas, que la gente mencionaba con mayor frecuencia. Sentimientos como la felicidad, la excitación, la ira, la sorpresa y los celos figuran entre los veinte primeros. Sin embargo, la emoción negativa más común —y la segunda más común de cualquier tipo— era el arrepentimiento. La única mencionada con mayor frecuencia que el arrepentimiento era el amor.[18]

En 2008, los psicólogos sociales Colleen Saffrey, Amy Summerville y Neal Roese examinaron la prevalencia de las emociones negativas en la vida de las personas. Presentaron a los participantes una lista de estas nueve emociones: ira, ansiedad, aburrimiento, decepción, miedo, culpa, celos, arrepentimiento y tristeza. A continuación, les hicieron una serie de preguntas sobre el papel que estos sentimientos representaban en su vida. La emoción que los participantes afirmaron haber experimentado con más asiduidad era el arrepentimiento. Y la que dijeron valorar más también era ésta.[19]

Investigaciones posteriores en todo el mundo han arrojado resultados similares. Un estudio de 2016, que rastreó las elecciones y el comportamiento de más de un centenar de suecos, descubrió que los participantes acababan arrepintiéndose de alrededor del 30 por ciento de las decisiones que habían tomado la semana anterior.[20] Otra investigación analizó las experiencias y actitudes de varios cientos de estadounidenses. Esta encuesta, que examinaré con detalle en el capítulo 5, concluyó que los arrepentimientos eran omnipresentes y que abarcaban todos los ámbitos de la vida, descubrimiento que llevó a los autores del estudio a declarar que esta emoción «es un elemento esencial de la experiencia humana».[21]

De hecho, todavía no he encontrado un estudio que desmienta la ubicuidad de esta emoción (y, créeme, he buscado mucho). Académicos de todos los campos, que abordan el tema desde distintas ópticas y utilizan diversas metodologías, llegan a la misma conclusión: «Vivir es, al parecer, acumular por lo menos algunos arrepentimientos».[22]

Cuando Michele Mayo estaba a punto de cumplir cincuenta años, decidió hacerse un tatuaje que marcase el momento y lo reafirmase en sus convicciones. Mientras meditaba su decisión, pensó en su infancia. Hija de un oficial del ejército estadounidense y de madre francesa, Mayo pasó sus primeros años en Alemania, donde su padre estaba destinado. Durante las vacaciones, la familia hacía largos viajes en coche para visitar a la abuela materna, en la campiña francesa. Durante estos trayectos, Mayo, sus hermanas y su madre pasaban el tiempo coreando la canción favorita de esta última.

En 2017, como regalo de cumpleaños anticipado, condujo desde su casa hasta la cercana Salem, Massachusetts, y regresó con el siguiente tatuaje en la parte interior de su muñeca:

Fuente: Foto de Kathleen Basile.

La madre de Mayo era fan de Edith Piaf. Las palabras de la cantante, que la familia entonaba en aquellos lejanos viajes en coche, se quedaron grabadas en la mente de su hija hasta la edad adulta. Encarnaban el «cómo vivo mi vida, cómo me siento en relación con mi vida», me dijo Mayo. Dice que no se arrepiente. Igual que otras personas con las que hablé, prosigue su declaración describiendo los errores que cometió y las decisiones que no tomó. Como todos nosotros, a menudo se sube a su máquina mental del tiempo para reescribir una historia, comparando lo que es con lo que podría haber sido y asumiendo la responsabilidad de la diferencia. Para Mayo, sin embargo, la sensación de zozobra al final de esta cadena de pensamiento, la emoción negativa que muchos intentan eludir, ha sido valiosa.

Esas cosas que desearía no haber hecho me enseñaron algo sobre qué hacer en el futuro... Los errores también me parecen experiencias de aprendizaje —dice—. Espero decir lo mismo en mi lecho de muerte.

Las cinco palabras inscritas en su muñeca le recuerdan esa aspiración cada día. Pero también siente curiosidad sobre la cantante que hizo célebres esas palabras. «¿Sabía que ella (Edith Piaf) murió en la indigencia? —me pregunta Mayo—. Pienso en ella y me pregunto si realmente no se arrepentía de nada. Imagine si pudiera entrevistarla ahora.»

A pesar de la maravilla de las videoconferencias, tal entrevista es a todas luces imposible. Sin embargo, biógrafos y periodistas han dado pistas sobre lo que Piaf pensaba el 10 de octubre de 1963, menos de tres años después de grabar la canción que la consagraría para siempre. Mientras yacía en la cama, con la vida a punto de escaparse de su maltrecho cuerpo de cuarenta y siete años, sus últimas palabras fueron las siguientes: «Cada maldita cosa que haces en esta vida la tienes que pagar».[23]

¿Suena a una persona que no se arrepiente de nada?

Con todo, si Piaf hubiera lidiado con sus arrepentimientos, si se hubiera enfrentado a ellos en lugar de esquivarlos, habría descubierto algo más importante: «Cada maldita cosa que haces en la vida te puede compensar con creces». Como pronto descubriremos, el arrepentimiento no sólo nos hace humanos. También mejores.

«Me arrepiento de casi todas las grandes decisiones que he tomado. Aparentemente soy pésimo a la hora de tomar grandes decisiones. Las pequeñas son pan comido.»

Hombre, cincuenta y cinco años, Virginia Occidental

//

«Cuando mi marido fue hospitalizado justo antes de morir, quise meterme en la cama con él para abrazarlo, pero no lo hice. Cómo me gustaría haberlo hecho.»

Mujer, setenta y dos años, Florida

//

«Desearía no haberme preocupado tanto sobre lo que piensan los demás. Todavía lucho contra eso.»

Hombre, treinta y tres años, Japón

3

«Al menos» y «Si sólo»

De las 306 pruebas de los Juegos Olímpicos celebrados en Río de Janeiro en 2016, la carrera individual de ciclismo en ruta femenina fue una de las más agotadoras. El recorrido se extendía unos ciento cuarenta kilómetros por las calles de la ciudad a través de un parque nacional. Las ciclistas debían subir varias cuestas empinadas, superar una traicionera bajada y atravesar un largo tramo de camino empedrado, pero, cuando la bandera amarilla cayó a las 12.15 horas del mediodía del primer domingo de agosto, sesenta y ocho ciclistas de élite partieron de la línea de salida frente a la playa de Copacabana dispuestas a alcanzar la gloria olímpica.

La carrera cumplió su brutal promesa. La temperatura rondaba los 20 °C, con una humedad del 75 por ciento. El sol se abría paso a menudo entre las nubes y abrasaba el pavimento. Cuando el sol se retiraba, una ligera lluvia empañaba el recorrido. Una corredora sufrió una caída salvaje. Otras, extenuadas, abandonaron la carrera. Casi cuatro horas después de la salida, a falta de tres kilómetros para el final, la estadounidense Mara Abbot se colocó en cabeza, seguida por tres corredoras a unos veinticinco segundos de distancia.

«Tiene el oro en sus manos», dijo la locutora Rochelle Gilmore al retrasmitir la carrera para la televisión olímpica.

Pero Abbot, más conocida por su resistencia que por sus esprines, no pudo aguantar. A falta de ciento cincuenta metros, es decir, cuando había completado el 99,9 por ciento de la carrera, las otras tres corredoras la adelantaron. Unidas, se esforzaron por llegar a la línea de meta.

La holandesa Anna van der Breggen ganó a la sueca Emma Johansson por el ancho de un neumático. La italiana Elisa Longo Borhini rodó a la zaga. Las tres mujeres superaron todas las expectativas y obtuvieron medalla olímpica.

Imagina la cara que se les quedó.

No, en serio. Detente un momento e imagina sus emociones. Visualiza lo que sintieron después de que años de entrenamiento y horas de lucha culminaran en el máximo premio del atletismo.

Desde 1872, cuando Charles Darwin publicó *La expresión de las emociones en el hombre y los animales* (Laetoli, 2009), los científicos han explorado cómo las expresiones faciales revelan nuestros estados de ánimo. A menudo tratamos de ocultar nuestros sentimientos —de mostrar humildad en lugar de orgullo o determinación en vez de angustia—, pero nuestros rostros pueden traicionarnos. En la ceremonia del podio que siguió a esta carrera, los rostros de estas ganadoras olímpicas desvelaron sus emociones.

Aquí, en parte de una foto tomada por Tim de Waele, aparece sonriente la ganadora tras recibir su medalla de oro:

Aquí vemos a la medalla de plata, casi igual de eufórica:

Y ésta es la tercera clasificada, satisfecha pero no emocionada, tras recibir el bronce:

Incluso los atletas de talla mundial son criaturas emocionales. En el momento cumbre de sus carreras, sus emociones son inconfundibles. Las finalistas ascienden en positividad: feliz, más feliz y la más feliz de las tres.

Las caras no mienten.

Pero los autores a veces sí. Y yo te he mentido.

Ésta es la fotografía completa del podio de la carrera olímpica en ruta femenina de 2017:

Fuente: Foto de Tim de Waele, Getty Images.

La radiante atleta del centro es, efectivamente, la medallista de oro, Anna van der Breggen, pero la felicísima mujer a su izquierda (y a tu derecha) es Elisa Longo Borghini, la ciclista italiana que terminó tercera. La menos alegre del trío es la medalla de plata, Emma Johansson.

En otras palabras, la persona con el peor de los tres resultados (Borghini) parece más feliz que una de las que la vencieron

(Johansson). Aunque hay imágenes de Johansson sonriendo ese día, ésta no es una foto cualquiera. Imagina la reacción de las deportistas nada más cruzar la línea de meta. La medalla de oro, Van der Breggen, levantó los brazos en señal de triunfo. La medalla de bronce, Borghini, chocó los cinco con una compañera invisible. La medalla de plata, Johansson, enterró su cabeza entre las manos. El contraste emocional tampoco responde a unas expectativas fallidas. Borghini llegó a la carrera en una posición superior a la de Johansson y esperaba hacerlo mejor.

Lo que se ve en estas caras olímpicas es, en cambio, un fenómeno que los científicos del comportamiento identificaron hace más de veinticinco años y que abre otra ventana para entender el arrepentimiento.

La emoción de la derrota y la agonía de la victoria

El superpoder humano que describí en el capítulo 2 —nuestra capacidad de viajar mentalmente a través del tiempo y conjurar incidentes y resultados que nunca ocurrieron— permite lo que los lógicos llaman *pensamiento contrafáctico*. Si dividimos el adjetivo en dos, su significado es evidente. Inventamos sucesos que van *en contra* de los *hechos* reales. «Los contrafactuales son [...] un ejemplo paradigmático de la imaginación y la creatividad ubicadas en la intersección del pensamiento y el sentimiento», dicen Neal Roese, de la Northwestern University, y Kai Epstude, de la Universidad de Groningen, dos destacados estudiosos del tema.[1] Los contrafactuales nos permiten imaginar lo que podría haber sido.

Una de las demostraciones más claras de su impacto proviene de los Juegos Olímpicos. En un conocido estudio sobre los juegos de 1992 celebrados en Barcelona, Victoria Medvec y Thomas Gilovich, de la Universidad de Cornell, y Scott Madey, de la Universidad de Toledo, recopilaron vídeos de tres docenas de medallistas de plata y bronce. Presentaron los vídeos a un grupo de participantes que no sabían mucho de deporte y que apenas habían seguido los juegos. Los participantes observaron a los atletas, pero no durante las competiciones. Los observaron —con los resultados finales ocultos— inmediatamente después de cada prueba y en el podio. A continuación, clasificaron las expresiones faciales de los competidores en una escala de diez puntos, «de la agonía al éxtasis», que reproduzco a continuación.

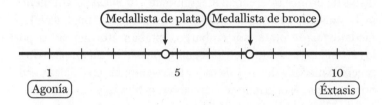

Figura 2. Escala de agonía al éxtasis de los medallistas olímpicos
Fuente: Victoria Husted Medvec, Scott F. Madey y Thomas Gilovich.
«When lesess is more: counterfactual thinking and satisfaction among
Olympic medallists» [Cuando menos es más: pensamiento contrafáctico
y satisfacción entre los medallistas olímpicos], *Journal of Personality
and Social Psychology* 69, n.º 4, (1995), p. 603.

Los atletas que terminaron en tercer lugar parecían más felices que los que acabaron en segundo puesto. La valoración media de las expresiones faciales de los medallistas de bronce fue de 7,1. Sin embargo, los medallistas de plata, es decir, los que acababan de quedar en segundo lugar en la competición más importante del mundo, se mostraban neutrales e incluso se inclinaban ligeramente hacia la infelicidad. Su valoración: 4,8.

La razón, como concluyeron los investigadores: el pensamiento contrafáctico. Los contrafactuales pueden apuntar en cualquiera de las dos direcciones: hacia abajo o hacia arriba. Con los «contrafácticos a la baja», contemplamos que una alternativa podría haber sido *peor*. Nos llevan a decir: *«Al menos...»*; como, por ejemplo: «Seguro que he sacado un seis en ese examen, pero al menos he aprobado la asignatura y no tengo que volver a estudiarla». Llamemos a este tipo de contrafactuales *«Al menos»*.

La otra variedad se conoce como «contrafactuales al alza». Con los contrafactuales ascendentes, imaginamos cómo podrían haber ido las cosas de mejor manera. Nos hacen decir «*Si sólo...*», como, por ejemplo: «Si sólo hubiera asistido a clase más a menudo y hubiera hecho todas las lecturas, habría sacado una nota mejor». Llamemos a estos contrafactuales «*Si sólo*».

Tras el evento, cuando los investigadores revisaron las entrevistas televisivas de los competidores, descubrieron que los medallistas de bronce tarareaban alegremente «*Al menos*». «Al menos no he quedado cuarto. Al menos he conseguido una medalla». Los medallistas de plata, sin embargo, estaban atormentados por los «*Si sólo*». Y eso duele. «El segundo puesto está a un paso de la preciada medalla de oro y de todas las recompensas sociales y económicas que ésta conlleva —escribieron Mevec y sus colegas—. Así, la alegría de la medallista de plata se ve a menudo atenuada por pensamientos tortuosos sobre lo que podría haber sido si hubiera alargado su zancada, ajustado su respiración, orientado como es debido los dedos de sus pies, etcétera.»[2] La idea de que las personas que llegan más alto se sienten peor es provocativa, el tipo de descubrimiento seductor que acapara titulares y cautiva las redes sociales. Durante la última década, las ciencias sociales se han enfrentado a lo que algunos han denominado «crisis de replicación».[3] Muchos descubrimientos, especialmente los que parecen más sorprendentes y novedosos, no se sostienen tras un examen exhaustivo. Cuando otros investigadores vuelven a realizar los experimentos, a menudo no obtienen resultados tan prometedores, lo que pone en duda la validez de los primeros.

Sin embargo, el estudio Medvec-Gilovich-Madey ha sido replicado. Incluso sus réplicas se han repetido. Por ejemplo, David Matsumoto, de la Universidad Estatal de San Francisco, reunió unas veintiuna mil fotografías de las competiciones de judo masculino y femenino de los Juegos Olímpicos de Atenas 2004, un enorme conjunto de fotos que representaban a 84 atletas de 35 países. Independientemente de la etnia o el país de origen de los atletas, la diferencia en la expresión facial de los medallistas era sorprendente. En el podio, durante la entrega de medallas, casi todos los medallistas de oro sonreían (lo que se conoce como una «sonrisa de Duchenne»). Lo mismo ocurría con la mayoría de los medallistas de bronce. ¿Y los de plata? No tanto. Sólo una cuarta parte que sus homólogos.[4]

En 2020, William Hedgcock, de la Universidad de Minnesota, y Andrea Luangrath y Raelyn Webster, de la Universidad de Iowa, fueron aún más lejos. Recogieron fotos de 413 atletas de 142 deportes y 67 países en cinco Juegos Olímpicos distintos. En lugar de pedir a otras personas que evaluaran las expresiones faciales de los atletas, como en estudios anteriores, utilizaron Emotient, un programa informático que codifica las expresiones faciales de manera automática (el programa permitía a los investigadores examinar más expresiones con mayor rapidez, sin ningún sesgo potencial de los examinadores humanos). Una vez más, los resultados se mantuvieron. Los medallistas de oro eran los que más sonreían, pero los de bronce sonreían más que los de plata. «Los que estaban objetivamente mejor, sin embargo, se sentían peor», señalan los autores del estudio.[5]

He visto varias veces esa carrera en ruta de Río 2016. Minutos después de terminar, es fácil ver el consuelo del *Al menos...* y el resquemor del *Si...* Borghini, la medalla de bronce, parecía exultante. Se bajó de la bicicleta, corrió hacia un grupo de amigos y familiares y los abrazó. «Elisa Borghini está encantada con una medalla en los Juegos Olímpicos», gritaron los locutores.

Johansson, por su parte, se acurrucó en silencio en brazos de su marido, visiblemente afectada, mientras los locutores ofrecían su propio contrafactual ascendente: «Cincuenta o cien metros más y se podría haber hecho con el oro», especulaban. Era para ella un momento de «emociones encontradas», explicaban. «Medalla de plata de nuevo.» De hecho, Johansson había ganado la plata en la misma prueba en los juegos olímpicos de 2008 (no compitió en los juegos de 2012 por una lesión). También había quedado segunda en otras carreras, lo que le valió un apodo en el mundo del ciclismo que nunca llegó a aceptar: Emma de Plata. «Ella es "Emma de plata" —dijo la madre de Johansson a la televisión sueca tras la llegada—. Creo que es feliz, pero quería el oro.»[6]

Si...

La paradoja del dolor y el dolor de la paradoja

Los *Al menos* nos hacen sentir mejor. «Al menos acabé con una medalla y no como ese corredor estadounidense que lo echó todo a perder en los últimos segundos de la carrera y nunca llegó al podio.» «No conseguí ese ascenso, pero al menos no me han despedido.» Los *Al menos* nos dan consuelo y confort.

Los *Si sólo*, en cambio, nos hacen sentir peor. «Si sólo hubiera empezado ese esprín final dos segundos antes, habría ganado una medalla de oro.» «Si sólo hubiera aceptado algunas tareas más exigentes, habría conseguido ese ascenso». Los *Si sólo* provocan malestar y angustia.

Podría parecer que los seres humanos deberíamos preferir la primera categoría, que tendríamos que elegir el calor del *Al menos* frente al frío del *Si sólo*. Al fin y al cabo, estamos hechos para buscar el placer y evitar el dolor, para preferir las magdalenas de chocolate a los batidos de oruga y el sexo con nuestra pareja a una auditoría fiscal.

Sin embargo, la verdad es otra. Es más probable que tengas un momento «Emma de plata» que un «Borghini de bronce». Cuando los investigadores han analizado los pensamientos de las personas pidiéndoles que lleven un diario o preguntándoles al azar qué tienen en mente, han descubierto que los *Si sólo* superan a los *Al menos* en la vida de las personas, a menudo por un amplio margen.[7] Un estudio reveló que el 80 por ciento de los contrafactuales que genera la gente son *Si sólo*. Otro estudio sitúa la cifra en un nivel aún más alto.[8] La principal excepción son las situaciones en las que hemos evitado un desastre. Por ejemplo, un estudio sobre turistas que presenciaron un tsunami mortal pero lograron escapar descubrió que, meses después, generaron diez comparaciones *Al menos* por cada *Si sólo*. Estas personas no se sentían agraviadas por haber estado expuestas a un desastre natural, sino afortunadas por haber sobrevivido a él.[9] En cierto sentido, ésa es también la experiencia de los medallistas de bronce que evitaron la devastadora catástrofe de que se les negara una medalla olímpica. Sin embargo, en nuestras experiencias cotidianas, esos momentos que conforman la mayor parte de la existencia humana, es más probable que conjuremos los *Si sólo* al reflexionar sobre lo que podría haber sido. Así funcionan nuestras mentes y nuestros cerebros.

Dos décadas de investigación sobre el pensamiento contrafáctico demuestran una rareza: los pensamientos sobre el pasado que nos hacen sentir mejor son relativamente raros, mientras que los que nos hacen sentir peor son excesivamente comunes. ¿Somos masoquistas autosaboteadores?

No, por lo menos, no todos. Somos organismos programados para la supervivencia. Los contrafactuales *Al menos* preservan nuestros sentimientos en el momento, pero rara vez mejoran nuestras decisiones o nuestro rendimiento en el futuro. Los contrafactuales *Si sólo* degradan nuestros sentimientos ahora, pero —y esto es clave— pueden mejorar nuestra vida más adelante.

El arrepentimiento es la quintaesencia del contrafactualismo ascendente, el último *Si sólo*. La fuente de su poder, según están descubriendo los científicos, es que el arrepentimiento enturbia el cálculo convencional de dolor y placer.[10] Su verdadero propósito es hacernos sentir peor, en tanto en cuanto, al sentirnos peor hoy, el arrepentimiento nos ayuda a hacerlo mejor mañana.

«Me arrepiento de haberme avergonzado de ser mexicana. Daba el pego (soy de piel clara), así que mucha gente no sabía que lo era hasta que conoció a mi familia (de piel más oscura). Ahora acepto mi raza y mi herencia. Sólo me avergüenza no haberlo hecho antes.»

Mujer, cincuenta años, California

//

«Me arrepiento de haber engañado a mi novio, con el que llevaba siete años, en vez de romper con él: Y me arrepiento de haberlo hecho de nuevo después de que él aceptara seguir juntos.»

Mujer, veintinueve años, Arizona

//

«Lo que más lamento de mis cincuenta y dos años de vida es haberlos vivido con miedo. He tenido miedo de fracasar y parecer tonto, y por eso he dejado de hacer muchas cosas que me gustaría haber hecho.»

Hombre, cincuenta y dos años, Sudáfrica

4

Por qué el arrepentimiento nos hace mejores

There is a crack, a crack in everything.
That's how the light gets in.[1]

Tal vez conozcas la primera ley de los agujeros: «Cuando te encuentres en un agujero, deja de cavar». Tal vez la hayas ignorado... A menudo agravamos las malas decisiones al seguir invirtiendo tiempo, dinero y esfuerzo en causas perdidas en lugar de detenernos y cambiar de táctica. Aumentamos la financiación en un proyecto sin futuro porque ya hemos invertido mucho en él. Redoblamos los esfuerzos para salvar una relación insalvable porque ya le hemos dedicado muchos años. El concepto psicológico se conoce como «escalada de compromiso con un curso de acción fallido». Es uno de los muchos sesgos cognitivos que pueden contaminar nuestras decisiones.

El hecho de experimentar el arrepentimiento lo puede arreglar. Gillian Ku, actualmente en la London Business School, descubrió que hacer que las personas piensen en una escalada de compromiso y que luego se arrepientan de ésta disminuía su probabilidad de volver a cometer el error.[2] Inducir esta desagradable sensación del *Si sólo* mejoró su comportamiento futuro.

Los tres beneficios del arrepentimiento

Reducir sesgos cognitivos como la escalada de compromiso con un curso de acción fallido es sólo una de las formas en que el arrepentimiento, al hacernos sentir peor, puede ayudarnos a hacerlo mejor. Un vistazo a la investigación muestra que el arrepentimiento, manejado correctamente, ofrece tres grandes beneficios: puede agudizar nuestra capacidad de decisión, aumentar nuestro rendimiento en una serie de tareas y reforzar nuestro sentido de propósito y nuestra conexión con los demás.

1. El arrepentimiento puede agudizar nuestra capacidad de decisión

Para empezar a entender las propiedades meliorativas del arrepentimiento, imagina el siguiente escenario: durante la pandemia de 2020-2021, te compraste una guitarra acústica, pero nunca llegaste a tocarla. Ahora ocupa espacio en tu apartamento y te vendría bien un poco de dinero, así que decides venderla.

Por suerte, tu vecina María está buscando una guitarra de segunda mano. Te pregunta cuánto quieres por tu instrumento.

Supongamos que compraste la guitarra por quinientos dólares. No puedes cobrar tanto a María por un artículo usado. Sería estupendo conseguir trescientos dólares, pero te parece excesivo. Sugieres doscientos veinticinco dólares para acabar dejándosela en doscientos.

Cuando María ve que vale doscientos veinticinco dólares, acepta al instante y te entrega el dinero.

¿Te arrepientes?

Probablemente. Le pasa a mucha gente, más si cabe en situaciones en las que hay algo más en juego que la venta de una guitarra de segunda mano. Cuando los demás aceptan nuestra primera oferta sin rechistar, solemos reprocharnos no haber pedido más.[3] Sin embargo, reconocer el arrepentimiento en esas situaciones —invitando, en lugar de rechazando, esta emoción aversiva— puede mejorar nuestras decisiones en el futuro. Por ejemplo, en 2002, Adam Galisky, ahora en la Universidad de Columbia, y otros tres psicólogos sociales estudiaron a negociadores cuya primera oferta había sido aceptada. Cuanto más lamentaban su decisión, más tiempo dedicaban a prepararse para una negociación posterior.[4] Un estudio relacionado realizado por Adam D. Galinsky, Laura Kray, de la Universidad de California, Berkeley, y Keith Markman, de la Universidad de Ohio, descubrió que, cuando la gente revisaba negociaciones anteriores y pensaba en lo que lamentaba no haber hecho —por ejemplo, no haber hecho una primera oferta fuerte—, tomaba mejores decisiones en negociaciones posteriores. Es más, estas decisiones, potenciadas por el arrepentimiento, aportan enormes beneficios. En sus siguientes encuentros, los negociadores arrepentidos ampliaron el tamaño del pastel y se aseguraron un trozo mayor. El darse cuenta de lo que no habían hecho previamente ampliaba las posibilidades de lo que podían hacer a continuación y les proporcionaba un guión para futuras interacciones.[5]

El principal efecto, según varios estudios, es nuestra «higiene de decisión».[6] Apoyarse en el arrepentimiento mejora nuestro proceso de toma de decisiones porque la punzada de la negatividad nos frena. Recabamos más información. Consideramos una gama más amplia de opciones. Nos tomamos más tiempo para llegar a una conclusión. Al pisar con más cuidado, es menos probable que caigamos en trampas cognitivas, como el sesgo de confirmación.[7] Un estudio enfocado en directores generales descubrió que animar a los líderes empresariales a reflexionar sobre aquello de lo que se arrepentían ejercía una «influencia positiva en sus decisiones futuras».[8]

Barry Schwartz, uno de los primeros psicólogos sociales en tomarse en serio el arrepentimiento, explica que este desagradable sentimiento «cumple varias funciones». El arrepentimiento puede «poner de relieve los errores que hemos cometido al tomar una decisión, de tal manera que, si se produce una situación similar en el futuro, no cometamos los mismos».[9]

Este tema recorre muchas de las entradas de la World Regret Survey, incluida ésta de un padre con mucha memoria: «Le grité a mi hija de cinco años, cuando, de camino al colegio, derramó un yogur encima de su uniforme. La regañé y, desde entonces, me arrepiento. No se lo merecía. La entristecí, y ¿para qué? ¿Por una mancha? Nunca dejaré de lamentar ese momento. No he vuelto a gritarle de esa manera. Aprendí de ese error, pero me gustaría recuperar ese momento».

Este padre aún se siente mal por su comportamiento, pero ha utilizado ese sentimiento para tomar nuevas decisiones en el futuro y no volver a gritar a su hija de esa manera.

Si bien algunos padres seguimos intentando mejorar nuestra toma de decisiones, la capacidad de arrepentimiento podría ser una parte fundamental de cómo nuestros hijos aprenden a razonar y a tomar decisiones. A través de varios experimentos, diversos investigadores irlandeses han demostrado que la capacidad de decisión de los niños mejora una vez que cruzan el umbral de desarrollo —hacia los siete años—, que les permite experimentar el arrepentimiento. «El desarrollo del arrepentimiento permite a los niños aprender de decisiones anteriores para cambiar sus elecciones adaptativamente», escriben Eimear O'Connor, Teresa McCormack y Aidan Feeney.[10]

Nuestro aparato cognitivo está diseñado, por lo menos en parte, para sostenernos a largo plazo, más que para aliviarnos a corto. Necesitamos la capacidad de lamentar nuestras malas decisiones —sentirnos mal por ellas—para mejorarlas en el futuro.

2. El arrepentimiento puede aumentar nuestro rendimiento en una serie de tareas

Clairvoyants smash egg pools [Los clarividentes destrozan las piscinas de huevos].

Es un anagrama en inglés de la frase *Psychologist love anagrams* [Los psicólogos aman los anagramas]. Y es cierto. Los anagramas son un elemento básico de la investigación psicológica: llevar a los participantes a una habitación, darles palabras o frases para que las transformen en otras palabras o frases y, a continuación, manipular su estado de ánimo, su mentalidad, su entorno o cualquier otra variable para ver cómo afecta a su rendimiento.

Por ejemplo, en un experimento, Keith Markman (de uno de los estudios de negociación) y dos de sus colegas dieron a los participantes diez anagramas para que los resolvieran. Después de simular que habían «calificado» los resultados, dijeron a los participantes que sólo habían encontrado la mitad de las palabras posibles. Luego los pincharon un poco para que sintieran una punzada de arrepentimiento. «Cerrad los ojos y pensad en vuestra actuación en los anagramas, comparándola con la que podríais haber tenido —les dijeron—. Tomaos un minuto, evaluad vuestro rendimiento y pensad en cómo podríais haberlo mejorado.» Con la cabeza llena de *Si sólo*, los participantes se sintieron peor, sobre todo si se comparaban con otro grupo al que se le había pedido que hiciera comparaciones con *Al menos*. En la siguiente ronda, el grupo arrepentido resolvió más anagramas y se mantuvo en la tarea durante más tiempo que los otros participantes del experimento.[11] Éste es uno de los hallazgos centrales sobre el arrepentimiento: puede incrementar la persistencia, que casi siempre aumenta el rendimiento. Uno de los pioneros en el estudio del pensamiento contrafáctico, Neal Roese —cuyas investigaciones aparecen en estas páginas y en las notas a pie—, utilizó anagramas en uno de sus primeros y más influyentes trabajos. También él descubrió que inducir el arrepentimiento, presionar a los participantes con *Si sólo*, les permitía resolver más con mayor celeridad.[12]

Sal del laboratorio y entra en el casino. Un intrigante experimento, también dirigido por Markman, pedía a la gente que jugara al *blackjack* contra un ordenador. Los responsables del experimento dijeron a la mitad de los participantes que, tras la primera ronda, se marcharían. A la otra mitad le indicaron que, tras la primera ronda, jugarían algunas manos más. Las personas que sabían que volverían a jugar generaron muchos más *Si sólo* que las que lo hicieron una sola vez. Eran más proclives a arrepentirse de haber seguido una estrategia de juego errónea o de haber arriesgado demasiado o demasiado poco. El primer grupo, por su parte, evitó la negatividad. La mayoría generaron *Al menos* («¡Al menos no perdí todo mi dinero!»). En cambio, los jugadores del segundo grupo iniciaron voluntariamente el desagradable proceso de experimentar el arrepentimiento «porque necesitaban información preparatoria que los ayudara a hacerlo mejor —escribieron los investigadores—. Los participantes que no esperaban volver a jugar no necesitaban esa información; sólo querían sentirse bien con su rendimiento actual».[13]

Incluso el mero hecho de pensar en el arrepentimiento de otras personas puede conferir un impulso al rendimiento. Varios estudios presentan a un personaje llamado Jane que asiste a un concierto de su grupo de *rock* favorito. Jane empieza sentada en la butaca que se indica en su entrada, pero luego se cambia de asiento para estar más cerca del escenario. Al cabo de un rato, la banda anuncia que los promotores elegirán un asiento al azar y regalarán a su ocupante un viaje a Hawái. A veces, los participantes del experimento escuchan que el asiento al que Jane se acaba de cambiar gana el viaje. ¡Alegría! Otras, los participantes se dan cuenta de que el asiento que Jane acaba de dejar es el que gana. ¡Arrepentimiento! Las personas que escucharon la saga de *Si sólo* de Jane e hicieron una parte del examen de admisión a la facultad de Derecho obtuvieron un 10 por ciento más de puntuación que el grupo de control. También resolvieron mejor los rompecabezas complejos, como el problema de las velas de Duncker, una famosa prueba experimental del pensamiento creativo.[14] Conseguir que la gente piense de forma contrafactual, que experimente el arrepentimiento vicario, parece «abrir la puerta a las posibilidades», explican Adam. D. Galinsky (de los estudios de negociación) y Gordon Moskowitz. Esto infunde más fuerza, más velocidad y una mayor creatividad a las deliberaciones posteriores de las personas.

Sin duda, el arrepentimiento no siempre mejora el rendimiento. Lamentarse durante demasiado tiempo o repetir el fracaso mentalmente una y otra vez puede generar el efecto contrario. Elegir el objeto incorrecto de tu arrepentimiento —por ejemplo, haber llevado una gorra de béisbol roja en la mesa de *blackjack* en lugar de haber cogido otra carta cuando tenías un diez y un rey—

no supone una mejora. En ocasiones, el dolor inicial puede descolocarnos. Sin embargo, la mayoría de las veces, reflexionar aunque sea mínimamente sobre cómo podemos beneficiarnos de un arrepentimiento refuerza nuestra actuación posterior.[15]

Los sentimientos de arrepentimiento espoleados por los reveses podrían ser beneficiosos para tu carrera. Un estudio realizado en 2019 por Yang Wang, Benjamin Jones y Dashum Wang, de la Kellogg School of Management, analizó una base de datos con las solicitudes que, durante quince años, científicos noveles habían presentado para una prestigiosa beca de los institutos nacionales de salud. Los autores del estudio seleccionaron más de mil solicitudes que rondaban el umbral de puntuación necesario para obtener la subvención. Alrededor de la mitad apenas superaban el umbral. Consiguieron la beca, ganaron por los pelos y no se arrepintieron. La otra mitad se quedó corta. Estos solicitantes no consiguieron la subvención, soportaron un fracaso y sufrieron el arrepentimiento. Luego, los investigadores examinaron lo que sucedió con las carreras profesionales de estos científicos. A largo plazo, las personas que fracasaron por poco (del grupo *Si sólo*) superaron a las que ganaron por los pelos (del grupo *Al menos*). Estos «Emmas de plata» de la ciencia fueron citados con mucha más frecuencia y tenían un 21 por ciento más de probabilidades de producir un artículo de éxito. Los investigadores llegaron a la conclusión de que el revés les proporcionó el combustible necesario. Probablemente, el fracaso por un estrecho margen provocara el arrepentimiento, lo que estimuló la reflexión, revisó la estrategia y mejoró el rendimiento.[16]

3. El arrepentimiento puede reforzar nuestro sentido de propósito y nuestra conexión con los demás

Hace un par de décadas pasé cuatro años en Evanston, Illinois, donde me licencié en la Northwestern University. En general, estoy contento con mi experiencia universitaria. Aprendí muchísimo e hice varios amigos para toda la vida. De vez en cuando me pregunto cómo habría sido mi vida si no hubiera podido estudiar o si hubiese estudiado en otra universidad. Por alguna extraña razón, esas reflexiones suelen hacer que me sienta más, y no menos, satisfecho con la experiencia, como si ese pequeño trozo de tiempo fuera una parte fundamental de la historia de mi vida.

Resulta que no soy tan especial.

En 2010, un equipo de científicos sociales, entre los que se encontraban Kray, Galinsky y Roese, pidió a un grupo de estudiantes universitarios de Northwestern que reflexionara de forma contrafactual sobre su elección de universidad y su elección de amigos durante esa etapa. Cuando lo hicieron, imaginando haber asistido a una universidad diferente o juntarse con un grupo de amigos distinto, su reacción fue como la mía. La elección real parecía más significativa. «La reflexión contrafactual dota de mayor significado tanto las experiencias vitales como las relaciones», concluyó el estudio.

Este efecto no se limita a la etapa de la juventud, cuando estamos ensimismados. De hecho, otras investigaciones han descubierto que las personas que pensaron de forma contrafactual en momentos cruciales de su vida experimentaron un mayor sentido de propósito que las que se plantearon el significado de esos acontecimientos. Los caminos indirectos del *Si sólo* y el *Al menos* ofrecían una ruta más rápida hacia el significado que el camino directo de reflexionar sobre el significado en sí.[17] Asimismo, cuando las personas consideran alternativas contrafactuales a los acontecimientos de la vida, experimentan niveles más altos de sentimiento religioso y un sentido más profundo de propósito que cuando se limitan a relatar los hechos acaecidos.[18] Esta forma de pensar puede aumentar los sentimientos de patriotismo y compromiso con la organización.[19]

Aunque estos estudios examinaron la categoría más amplia de contrafactuales, el arrepentimiento profundiza en «nuestro sentido de propósito y nos orienta hacia su búsqueda». Por ejemplo, llevar a cabo una revisión centrada en los arrepentimientos de adulto puede impulsarnos a revisar nuestros objetivos vitales y a adoptar una nueva forma de vida.[20] Veamos, por ejemplo, el caso de Abby Henderson, una investigadora de salud conductual de veintinueve años que participó en la Encuesta Mundial sobre el Arrepentimiento:[21]

> Me arrepiento de no haber aprovechado el tiempo con mis abuelos de niña. Su presencia en mi casa y su deseo de conectar conmigo me molestaban. Ahora daría lo que fuera por recuperar esos momentos.

Henderson, la menor de tres hermanos, se crió en un hogar feliz en Phoenix, Arizona. Sus abuelos paternos vivían en la pequeña ciudad de Hartford, Indiana. Casi todos los inviernos, para escapar del frío del Medio Oeste, los visitaban durante un mes o dos y solían alojarse en casa de los Henderson. A la joven Abby no le gustaba. Era una niña tranquila cuyos padres trabajaban, así que disfrutaba del tiempo que pasaba a solas en casa después del colegio. Sus abuelos perturbaban esa paz. Su abuela, que la esperaba a la vuelta de las clases, siempre quería saber cómo le había ido el día y Abby se resistía a aquellos intentos de acercamiento.

Ahora lo lamenta.

«De lo que más me arrepiento es de no haber escuchado sus historias», me dijo en una entrevista. Sin embargo, eso ha cambiado el enfoque que tenía hacia sus padres. Fruto de este arrepentimiento, ella y sus hermanos regalaron a su padre, de más de setenta años, una suscripción a StoryWorth. El servicio envía cada semana un correo electrónico que contiene una sola pregunta —¿Cómo era tu madre? ¿Cuál es tu mejor recuerdo de la infancia? Y, sí, también: ¿De qué te arrepientes?—. El destinatario responde con una historia. Al final del año, todas se recopilan en un libro de tapa dura. Gracias al empuje del *Si sólo*, dijo: «Busco más significado, más conexión... Cuando mis padres fallezcan, no quiero sentir el "¡Lo que me he perdido!" que viví con mis abuelos».

Abby dice que este dolor la ayudó a ver su vida como un rompecabezas con el sentido de propósito como pieza central. «Cuando la gente a mi alrededor me dice que no se arrepiente, ya no me callo y respondo: "Si no cometes errores, ¿cómo vas a aprender y crecer?" —me dijo—. Quiero decir, ¿quién consigue pasar de los veinte años sin arrepentirse de nada? Los malos trabajos que cogí, las citas malas que tuve...» Al final descubrió que, cada vez que sentía un remordimiento, «era en parte porque intentaba eliminar el sentido de propósito de la ecuación».

Uno de los rasgos que Abby recuerda de su abuela es su extraordinaria mano para la repostería, especialmente para las tartas que solía prepararle de postre. «Si lo que has probado es una tarta insípida, no serás fan de las tartas, pero en cuanto pruebas la de fresas de mi abuela, no hay vuelta atrás.» Para Abby, hay una metáfora al acecho en ese molde de horno: «Mi vida es más sabrosa gracias a mis arrepentimientos —me dijo—. Recuerdo la amargura del sabor del arrepentimiento. Así que, cuando algo es dulce, Dios mío, es más dulce». Sabe que nunca recuperará el tiempo con sus abuelos. «Es un sabor que siempre faltará», dice. La recopilación de las historias de su padre, que no habría hecho sin la inyección del *Si...*, la ayuda.

> Es un hermoso sustituto —dice—, pero no un reemplazo. Nada llenará ese sabor. Pasaré el resto de mi vida con un pequeño vacío, pero eso condicionará todos mis actos futuros.

Cuando lo manejamos adecuadamente, el arrepentimiento puede hacernos mejores. Comprender sus efectos mejora nuestras decisiones, aumenta nuestro rendimiento y nos confiere un sentido de propósito más profundo. El problema es que a menudo no lo gestionamos bien.

¿Para qué sirven los sentimientos?

Antes o después, en una u otra página, casi todos los libros de divulgación sobre el comportamiento humano hacen referencia a William James, polímata estadounidense del siglo xix y profesor de Harvard que, tras escribir el primer manual e impartir el primer curso de psicología de la historia, es ampliamente considerado el padre fundador de esta disciplina. Este libro hace honor a esa tradición.

En el capítulo 22 de su obra maestra de 1890, *Principios de la psicología* (Fondo de Cultura Económica, 1994), James contempló el propósito de la capacidad humana de pensar. Propuso que la forma en que pensamos, incluso lo que pensamos, depende de nuestra situación. «Ahora que estoy escribiendo, es esencial que conciba el papel como una superficie de inscripción —escribió—. Si no lo hiciera, tendría que dejar mi trabajo.» En otras circunstancias —supongamos que necesitara encender un fuego y que no hubiera nada más disponible—, vería el papel de otra forma. El papel tiene infinitas variantes: combustible, superficie para escribir, algo delgado, algo hidrocarbonado, algo de 21 centímetros en un sentido y 25 en el otro, algo a un kilómetro al este de cierta piedra en el campo de mi vecino, algo americano... Y así *ad infinitum*.»

Luego, lanzó una granada intelectual que aún hoy resuena: «Mi pensamiento es lo primero y lo último, y siempre por el bien de mi hacer».[22]

Los psicólogos modernos han ratificado la observación de James, aunque han acortado el número de palabras al servicio de la idea: «Se piensa para hacer».[23] Actuamos para sobrevivir. Pensamos para actuar.

Pero los sentimientos son más complicados. ¿Cuál es el propósito de las emociones, especialmente de las desagradables, como el arrepentimiento? Si el pensamiento sirve para hacer, ¿para qué sirve el sentimiento?

Un punto de vista: el sentimiento sirve para ignorar. La emociones no son importantes, sostiene esta perspectiva. Son meras molestias, distracciones de los asuntos serios. Es mejor rechazarlos u olvidarlos. Céntrate en la cabeza, evita el corazón y estarás bien.

Por desgracia, almacenar la negatividad en el sótano emocional no hace sino retrasar el momento en que debas abrir la puerta y enfrentarte al desastre interior. Las emociones bloqueadas, escribe un terapeuta, pueden provocar «problemas físicos, como enfermedades de corazón, problemas intestinales, dolores de cabeza, insomnio y trastornos autoinmunes».[24] Enterrar las emociones negativas no las disipa, las intensifica. Los contaminantes se filtran en el suelo de nuestra vida.

Disminuir sistemáticamente las emociones negativas tampoco es una estrategia acertada. Corremos el riesgo de convertirnos en el profesor Pangloss de *Cándido*, que ante una catástrofe tras otra se limita a declarar: «Todo va bien en el mejor de los mundos posibles». Las técnicas de minimización, como los contrafactuales *Al menos*, tienen su papel, como explicaré en el capítulo 12. Pueden tranquilizarnos y, a veces, lo necesitamos, pero también pueden proporcionarnos un falso consuelo y despojarnos de las herramientas necesarias para afrontar la cruda realidad, convirtiéndose en un dogma decadente que socava las decisiones y frena el crecimiento.

Otro punto de vista: el sentimiento sirve para sentir. Según esta postura, las emociones son la esencia de nuestro ser. Habla de ellas. Dales rienda suelta. Disfrútalas. «Confía siempre en tus sentimientos», dice esta perspectiva.[25] Hay que honrarlos, sentarlos en un trono y venerarlos. Las emociones son la única verdad. Son todo lo que hay; el resto es comentario.

En el caso de las emociones negativas, especialmente el arrepentimiento, este enfoque es aún más peligroso que la estrategia panglossiana del engaño a través de la ilusión. Demasiado arrepentimiento es peligroso; a veces, devastador. Puede llevar a la rumiación, que degrada el bienestar, y a la regurgitación de los errores del pasado, que puede inhibir el progreso. El arrepentimiento excesivo está vinculado a una serie de problemas de salud mental, sobre todo a la depresión y la ansiedad, pero también al trastorno de estrés postraumático.[26] «Los individuos que rumian sus arrepentimientos son más propensos a manifestar una menor satisfacción vital y a experimentar dificultades al afrontar los acontecimientos negativos de la vida», concluye un artículo.[27] Esto es especialmente cierto cuando los arrepentimientos se vuelven repetitivos. El pensamiento repetitivo puede empeorarlo, y el arrepentimiento puede exacerbar el pensamiento repetitivo, creando una espiral descendente de dolor.[28] Rumiar no aclara ni instruye. Enturbia y distrae. Cuando el sentimiento es sólo para sentir, construimos una habitación de la que es difícil escapar.

Por lo que respecta al arrepentimiento, es más saludable un tercer punto de vista: sentir sirve para pensar. No esquives las emociones. Tampoco te regodees en ellas. Enfréntate a ellas. Utilízalas como catalizador del comportamiento futuro. Si pensar es para hacer, sentir puede ayudarnos a pensar.[29]

Este enfoque del arrepentimiento es similar al de la ciencia moderna del estrés. *Estrés*. Suena mal. Pero el estrés, ahora lo sabemos, no es una entidad única no maleable. Gran parte de cómo nos afecta, incluso lo que es en esencia, depende de nuestra mentalidad.[30] Si pensamos en el estrés como algo permanente y debilitante, nos empuja en una dirección. Si lo consideramos temporal y fortalecedor, nos lleva en otra. El estrés crónico y omnipresente es venenoso, pero el agudo y ocasional es útil, esencial incluso.

El arrepentimiento puede funcionar de manera similar. Por ejemplo, presentar el arrepentimiento como un juicio sobre nuestro carácter subyacente —lo que somos— puede ser destructivo. Plantearlo como una evaluación de un comportamiento concreto en una situación determinada —lo que hicimos— puede ser instructivo. Numerosas investigaciones demuestran que las personas que aceptan sus experiencias negativas en lugar de juzgarlas salen mejor paradas.[31]

Del mismo modo, considerar el arrepentimiento una oportunidad, no una amenaza, nos ayuda a transformarlo. Hace que funcione como un palo afilado, no como una losa de plomo. Los remordimientos que duelen mucho pero se disuelven con rapidez conducen a una resolución de problemas más eficaz y a una salud emocional más sólida.[32] Cuando el arrepentimiento nos asfixia, puede agobiarnos, pero, si nos empuja, puede levantarnos.

La clave es utilizar el arrepentimiento para catalizar una reacción en cadena: el corazón señala a la cabeza, la cabeza inicia la acción. Todos los arrepentimientos se agravan. Los arrepentimientos productivos empeoran y luego se activan. El gráfico de la página siguiente explica el proceso. También pone de manifiesto el punto clave: tu respuesta determina el resultado. Cuando sientes la lanza del arrepentimiento, tienes tres respuestas posibles: puedes concluir que ese sentimiento es para ignorarlo y enterrarlo, o minimizarlo, y eso lleva al engaño; puedes concluir que el sentimiento es para sentirlo y revolcarte en él, y eso lleva a la desesperación, o puedes llegar a la conclusión de que el sentimiento es para pensar, y abordarlo. ¿Qué te aporta ese arrepentimiento? ¿Qué instrucciones ofrece para tomar mejores decisiones, para mejorar tu rendimiento, para profundizar en la comprensión de tu sentido de propósito?

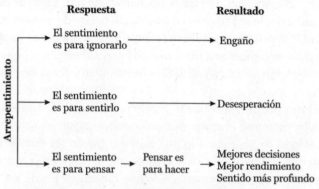

Figura 3. Tres opciones para responder al arrepentimiento
Fuente: © Daniel H. Pink, 2002.

Cuando el sentimiento sirve para pensar y el pensamiento para hacer, el arrepentimiento nos hace ser mejores.

En el siglo xv, o eso cuenta la historia, a un *shogun* japonés llamado Ashikaga Yoshimasa se le cayó al suelo un cuenco chino de té que se rompió en pedazos. Envió el cuenco dañado a China para que lo repararan. Meses después, lo que recibió a cambio fue un burdo amasijo de objeto cuyos trozos se mantenían unidos por enormes grapas de metal. «Tiene que haber un modo mejor», pensó, y pidió a los artesanos locales que lo encontraran.

Éstos optaron por reparar la cerámica lijando los bordes de las piezas rotas y pegándolas con laca mezclada con oro. El objetivo de los artesanos no era reproducir fielmente la obra original, ni siquiera ocultar sus defectos. Se trataba de transformar la pieza en algo mejor. Su trabajo estableció una nueva forma de arte, ya centenaria, llamada *kintsugi*. Según un informe, «En el siglo xvii, el *kintsugi* era un fenómeno tan de moda que se sabe que algunas personas rompían a propósito sus tazas de té para ensamblar las piezas con estas vetas doradas».[33]

El *kintsugi* (que se traduce como «carpintería dorada») considera las roturas y posteriores reparaciones parte de la historia del recipiente, elementos fundamentales de su ser. Los cuencos no son bellos a pesar de las imperfecciones, sino gracias a ellas. Las grietas los mejoran.

Lo que es cierto para la cerámica también puede serlo para las personas.

Basta con preguntárselo a Mara Abbot. Si el nombre no te suena, te refrescaré la memoria. En la carrera olímpica de bicicleta en ruta de 2016 que he descrito en el capítulo anterior, es la corredora estadounidense que perdió el liderato en el tramo final y terminó en cuarto lugar.

«Los días que siguieron a la carrera fueron una de las mayores experiencias de angustia que he sentido en mi vida», me dijo por Zoom una tarde de febrero desde Buffalo, Wyoming, donde ahora trabaja como reportera de un periódico. La palabra que eligió para describir la experiencia fue *demoledora*.

Con todo, volvió a recomponer las piezas y encontró nuevas perspectivas en las fisuras. La competición de Río fue la última de una exitosa carrera de diez años como ciclista. La experiencia no mejoró sus tiempos ni le hizo ganar otro trofeo, pero «de alguna manera, me dio una piedra de toque, una perspectiva que hace que otras decisiones y juicios de valor me resulten más fáciles», dijo. Sobre todo, anhela recuperar la experiencia de estar tan comprometida y viva como aquella tarde de agosto. «La oportunidad y el sentimiento que obtuve de esa pérdida, esa plenitud y satisfacción, es el mayor privilegio que he tenido jamás.» A causa del dolor, ve el resto de su vida con mayor urgencia y propósito. «Si tienes el corazón roto, significa que has hecho algo lo suficientemente grande y valioso como para haberlo roto.»

Como sugiere Mara Abbot, por las grietas entra la luz. Y, como veremos en el siguiente apartado, mirar a través de ellas nos permite vislumbrar la buena vida.

Segunda parte

EL ARREPENTIMIENTO REVELADO

«Me arrepiento de no haber cambiado mis hábitos alimenticios desde joven, de fumar y de beber alcohol. Consumía carne tres veces al día. Hace seis meses cambié a un estilo de vida vegano y me encuentro mejor que nunca. Me pregunto cómo podrían haber sido las cosas de haberlo hecho de joven.»

Hombre, cuarenta y seis años, Honduras

//

«Pasé demasiado tiempo tratando de cumplir con la idea de normalidad de los demás. Acéptate, ama a tu prójimo y haz de cada día un recuerdo especial.»

No binario, sesenta y dos años, Utah

//

«De lo que más me arrepiento es de no haber aprovechado el tiempo como ama de casa para enseñar a mis hijos a relacionarse con Dios y con Jesucristo. Podría haber empleado mejor el tiempo para ayudarlos a desarrollar y fortalecer su fe, lo que a su vez les habría dado la mejor base para tener éxito en la vida.»

Mujer, cincuenta y cuatro años, Minnesota

5

El arrepentimiento en la superficie

Mi cuerpo NO es un templo, es una UNIDAD DE ALMACENA-MIENTO de mis ARREPENTIMIENTOS.

@ELYKREIMENDAHL, Twitter, 2020

¿De qué se arrepiente la gente?

Es una pregunta que encuestadores y profesores llevan haciéndose desde mediados del siglo xx. En 1949, por ejemplo, George Gallup, fundador del Instituto de Opinión Pública Estadounidense, sondeó a los ciudadanos sobre lo que consideraban el mayor error de su vida. La respuesta número 1 fue un rotundo «No lo sé».

Cuatro años después, Gallup volvió con la que probablemente sea la primera pregunta de una encuesta relacionada con el arrepentimiento. «En términos generales —preguntó a su equipo en 1953—, si pudiera empezar su vida de nuevo, ¿viviría tal como lo ha hecho o lo haría de otra forma?» Como pone de manifiesto el titular de la página siguiente, la mayoría de los estadounidenses dijeron que no cambiarían nada.

Esta incomodidad a la hora de admitir y enumerar las dificultades tiene sentido. Piensa en cómo era la vida en 1953. La segunda guerra mundial permanecía en la memoria de todos. Reino Unido,

---

SERVICIO DE NOTICIAS DE OPINIÓN PÚBLICA

Fecha de publicación: sábado, 17 de octubre de 1953

Si pudiera empezar de nuevo, ¿viviría su vida de forma diferente?

La mayoría de los adultos dicen estar satisfechos.
Pero casi cuatro de cada diez harían las cosas de forma diferente.

GEORGE GALLUP
Director del Instituto de Opinión Pública Estadounidense

PRINCETON N. J., 16 de octubre
Si pudiera empezar de nuevo, ¿viviría tal como lo ha hecho o lo haría de otra forma?
Seis de cada diez adultos preguntados...

---

con una reina de veintisiete años recién coronada, seguía racionando los alimentos. Japón y gran parte de Europa continuaban luchando por salir de la devastación. Fue el año en que murió Joseph Stalin, terminó la guerra de Corea y se desarrolló la primera vacuna contra la polio. Con un mundo exterior tan tensionado, la contemplación interior podía parecer indulgente. Mirarse el ombligo estaba a unos años de convertirse en pasatiempo nacional.

Sin embargo, a través de la inquietud, se vislumbraba un tema que poco a poco los investigadores acabarían refrendando. En la encuesta de 1949, el subcampeón, después de «No lo sé», por lo que se refiere al mayor error fue «No tuve suficiente educación». En la encuesta de 1953, entre quienes se arrepentían, la primera opción, seleccionada por el 15 por ciento de la muestra, era «Recibir más educación». También tiene sentido. En 1953, sólo un 6 por ciento de la población estadounidense había cursado cuatro o más años de estudios universitarios. Más de la mitad de la población no había finalizado la secundaria.[1] Faltaba un año para el caso *Brown vs. Board of Education* [Brown contra el Departamento de Educación], caso por el que la Corte Suprema de Estados Unidos declaró que las escuelas públicas segregadas violaban la Constitución. Eran cada vez más los estadounidenses que empezaban a imaginar las posibilidades de la educación en el futuro, lo que quizá significaba que eran más quienes lamentaban no haber tenido o no haber perseguido esas posibilidades en el pasado. En 1965, cuando Gallup realizó una encuesta para la revista *Look* sobre lo que los estadounidenses harían de forma diferente si tuvieran la oportunidad de volver a vivir su vida, el 43 por ciento eligió «Recibir más educación», casi el triple de lo que manifestaron los encuestados ocho años antes.[2]

En las décadas siguientes, cuando los encuestadores dejaron de interesarse por el arrepentimiento, los académicos tomaron el testigo. En la década de 1980, Janet Landman y Jean Manis, de la Universidad de Míchigan, examinaron los arrepentimientos de estudiantes universitarias y mujeres adultas que habían visitado el centro de carreras de la universidad. Los principales arrepentimientos de cada grupo se centraron en la educación. En el caso de las mujeres mayores, los pensamientos *Si...* se referían a la interrupción de sus estudios demasiado pronto.[3] En 1989, Arlene Metha y Richard Kinnier, de la Universidad Estatal de Arizona, hicieron una encuesta sobre los principales arrepentimientos de las mujeres de tres franjas de edad: las de veinte años; las de entre treinta y cinco y cincuenta y cinco, y las de sesenta y cuatro o más. En los tres grupos, el principal arrepentimiento fue el siguiente: «Me habría tomado más en serio mi educación y habría estudiado más».[4] Otro grupo de investigadores del Estado de Arizona entrevistó a estudiantes de colegios públicos años más tarde y encontró resultados similares. Los arrepentimientos «educativos/académicos» fueron los más frecuentes.[5] En 1992, Mary Kay DeGenova, especialista en estudios sobre la familia, encuestó a personas jubiladas y descubrió que, entre los ámbitos de la amistad, la familia, el trabajo, la educación, la religión, el ocio y la salud, el arrepentimiento más común era el de la educación.[6] Y así sucesivamente. En la Universidad de Cornell, Victoria Medvec y Thomas Gilovich, que realizaron el famoso estudio sobre las medallas olímpicas que he descrito en el capítulo 3, en 1994 preguntaron a distintas personas sobre sus arrepentimientos. La educación —«oportunidades educativas perdidas» y «una mala elección educativa»— ocupaba los primeros puestos. Las relaciones personales —«oportunidad romántica perdida» y «aventura imprudente»— las seguían.[7] Al año siguiente, Medvec y Gilovich se unieron a Nina Hattiangadi para estudiar los arrepentimientos de personas de setenta años que, en su infancia, habían sido identificadas como niños prodigio por su alto coeficiente intelectual. Una vez más, la educación encabezaba su lista, incluyendo los remordimientos por haber perdido el tiempo en la universidad, por haber elegido el grado equivocado y por no haber completado sus estudios.[8]

En 2005, Neal Roese y Amy Summerville decidieron reunir la investigación existente para determinar con mayor certeza qué «ámbitos de la vida producen un mayor potencial de arrepentimiento».

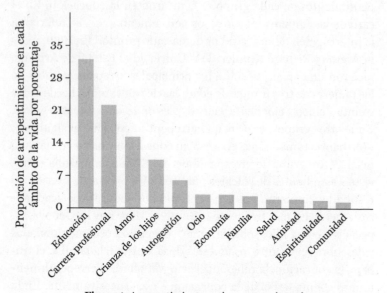

Figura 4. Arrepentimientos más comunes (2005)
Fuente: Neal J. Roese y Amy Summerville, «What we regret most... and why»
[De qué nos arrepentimos más... y por qué], *Personality and Social Psychology
Bulletin* 31, n.º 9, (2005), pp. 1273-1285.

Su resumen metaanalítico examinó nueve estudios anteriores, incluidos los que he mencionado, y estableció doce categorías de arrepentimiento: por ejemplo, la carrera profesional («Si fuera dentista»), el amor («Ojalá me hubiera casado con Jake en lugar de con Edward») y la paternidad («Si hubiera pasado más tiempo con mis hijos»). La educación volvió a quedar en cabeza. El 32 por ciento de los 2.041 participantes en los estudios analizados la eligieron como su principal arrepentimiento.

«La educación es el principal motivo de queja, por lo menos en parte, porque en la sociedad contemporánea casi todos los individuos tienen a su alcance una nueva y mayor educación de uno u otro tipo», concluyeron. Si no terminaste la universidad, podrías volver a ella. Si necesitas formación o habilidades adicionales, quizá puedas encontrar los cursos adecuados. Si no obtuviste un título de posgrado a los veinte años, tal vez puedas obtenerlo a los cuarenta o cincuenta. «La oportunidad genera arrepentimiento —escribieron— y la educación está abierta a la transformación continua a lo largo de la vida.»[9]

Roese y Summerville titularon su artículo «Lo que más lamentamos... y por qué». Su conclusión parecía sencilla. Sin embargo, este análisis no zanjó la cuestión. Ellos y otros investigadores descubrieron que su respuesta al «qué» era errónea y que su respuesta al «por qué» revelaba algo más profundo de lo que pensaban.

¿De qué se arrepiente realmente la gente?

Los estudios que concluyeron que la educación era nuestra mayor angustia, pese a haber pasado la revisión por pares, estaban plagados de defectos. Por ejemplo, la mayoría de ellos se llevaron a cabo en campus universitarios, donde la preocupación por los títulos, la carrera profesional y el plan de estudios impregna la conversación. Si las encuestas se hubieran realizado en hospitales, farmacias o consultorios médicos, tal vez habrían predominado los arrepentimientos relacionados con la salud.

Más importante si cabe es que, como señalan Roese y Summerville, la investigación anterior se basó en «muestras de conveniencia» en lugar de en porciones representativas de la población total. En un estudio, los investigadores pidieron a estudiantes de posgrado que repartieran cuestionarios entre sus conocidos, lo que no es exactamente la regla de oro del muestreo aleatorio. En el estudio sobre los jubilados se encuestó a 122 adultos mayores que vivían cerca de la Universidad de Purdue, aunque es poco probable que lo que acaece en el oeste de Indiana suceda en el resto del mundo. En otro estudio, los entrevistados eran diez profesores eméritos, once residentes de centros geriátricos, cuarenta estudiantes universitarios y dieciséis empleados administrativos y de mantenimiento. Roese y Summerville observaron que, en su metaanálisis, el 73 por ciento del total de la muestra eran mujeres, lo que difícilmente supone la proporción de género que exigen las mejores prácticas estadísticas. Un número abrumador de personas encuestadas eran blancas. Incluso las encuestas de Gallup, antaño las más representativas de la población estadounidense, a menudo arrojaban resultados poco definitivos. En la encuesta de 1953, el 15 por ciento de la gente eligió la educación como su mayor pesar, pero una parte aún mayor —alrededor del 20 por ciento— dio más de una respuesta a la pregunta.

Lo que se necesitaba, concluyeron Roese y Summerville hacia el final de su trabajo, era una encuesta que representara la diversidad y la complejidad de todo el país. En 2011, Roese y su colega, Mike Morrison, aceptaron el reto. Llegaron más allá de los campus universitarios con una encuesta telefónica a 370 personas de todo Estados Unidos. La marcación aleatoria garantizó que la muestra no se inclinara hacia ninguna región ni grupo demográfico. Pidieron a los participantes que informaran de un arrepentimiento importante, que luego un equipo de evaluadores independientes asignaba a uno de los doce ámbitos de la vida. «Fue el primer retrato representativo de en qué momento de la vida el estadounidense medio tiene sus mayores arrepentimientos», escribieron Roese y Morrison.

El retrato que ofrecieron —titulado «Arrepentimientos del estadounidense medio: hallazgos de una muestra representativa a nivel nacional»— era bastante diferente de lo que se había hecho hasta entonces. Los arrepentimientos estaban distribuidos en varias áreas de la vida y ninguna categoría acaparaba más del 20 por ciento de la opinión pública. Los arrepentimientos relacionados con el amor —relaciones perdidas e insatisfactorias— fueron los más comunes, con un 19 por ciento del total de los arrepentimientos. A continuación, se situaba la familia, con un 17 por ciento. La educación y la carrera profesional obtuvieron un 14 por ciento cada una.[10]

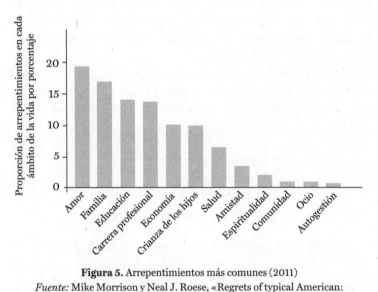

Figura 5. Arrepentimientos más comunes (2011)
Fuente: Mike Morrison y Neal J. Roese, «Regrets of typical American: Findings form a nationally representative sample» [Arrepentimientos del estadounidense medio: hallazgos de una muestra representativa a nivel nacional], *Social Psychological and Personality Science* 2, n.º 6, (2011), pp. 576-583.

Esta muestra, más heterogénea, también permitió a los investigadores extraer otras conclusiones. Por ejemplo, las mujeres eran más propensas que los hombres a tener arrepentimientos románticos y familiares. Las personas con menos educación formal eran más propensas a arrepentirse de su falta de educación, mientras que las personas solteras y sin pareja albergaban más arrepentimientos de carácter sentimental.

Las razones también se desviaban de los resultados anteriores. Una vez más, los investigadores concluyeron que el arrepentimiento dependía de la oportunidad. Sin embargo, mientras el estudio anterior sugería que el arrepentimiento acechaba en ámbitos en los que la gente percibía muchas oportunidades, este estudio descubrió lo contrario. Las áreas en las que las oportunidades se habían desvanecido —por ejemplo, considerarse demasiado mayor para cursar estudios adicionales— eran las que suscitaban más arrepentimientos. Estos arrepentimientos de baja oportunidad (en los que el problema no se podía solucionar) superaban en número a los de alta oportunidad (en los que el problema tenía solución) por un amplio margen.

Así las cosas, más de medio siglo después de que académicos e investigadores comenzaran a sondear a los individuos sobre sus arrepentimientos, obtuvieron respuesta a sus dos principales preguntas.

> *¿De qué se arrepiente la gente?*
> De muchas cosas.
> *¿Por qué se arrepienten?*
> Tiene que ver con la oportunidad.

El resultado seguía siendo intrigante, pero insatisfactorio.

Bien, una vez más

El mundo de la investigación a través de sondeos ha cambiado mucho desde 1953. Para aquella primera encuesta sobre el arrepentimiento, Gallup y su equipo entrevistaron a unas mil quinientas personas —a menudo de forma presencial— y tabularon las respuestas sin ni siquiera la ayuda de un ordenador. Hoy, mi teléfono móvil de hace tres años tiene más potencia que el mejor ordenador de todas las universidades del mundo en la década de 1950.

Y el portátil en el que estoy escribiendo esta línea me conecta con miles de millones de personas de todo el mundo; alberga en su disco duro un *software* gratuito de código abierto que puede analizar cantidades masivas de datos con tal rapidez y facilidad que asombraría a los estadísticos de mediados del siglo xx.

No soy George Gallup. Sin embargo, las herramientas actuales son tan potentes y los costes caen tan rápido que incluso un aficionado como yo puede seguir su ejemplo. Así que, acuciado por la sensación de que todavía no entendemos lo que la gente lamenta, intenté averiguarlo. En colaboración con una gran empresa de *software* y análisis de datos, que a su vez contrató empresas que reúnen paneles de participantes, creamos la mayor y más representativa encuesta estadounidense sobre arrepentimiento jamás realizada: el «American Regret Project». Encuestamos a 4.489 adultos, cuyo sexo, edad, raza, estado civil, área geográfica, ingresos y nivel educativo reflejaban la composición de toda la población estadounidense.

La encuesta, cuya versión completa puede encontrarse en <www.danpink.com/surveyresults>, planteaba a los participantes siete preguntas demográficas y dieciocho de investigación, incluida la más importante:

Los arrepentimientos forman parte de la vida. Todos tenemos algo que desearíamos haber hecho de otra forma o algo que desearíamos haber o no haber hecho.

Por favor, echa un vistazo a tu vida. A continuación, describe en dos o tres líneas cuál es tu principal arrepentimiento.

Miles y miles de arrepentimientos llegaron a nuestra base de datos. Pedimos a la gente que los clasificara en una de las ocho categorías siguientes: carrera profesional, familia (padres, hijos, nietos), amor (cónyuge, pareja), educación, salud, finanzas, amigos, otros. Planteamos, además, otras preguntas, muchas de las cuales leerás más adelante.

En nuestra encuesta, la familia ocupó el primer lugar. Casi el 22 por ciento de los encuestados expresó su arrepentimiento en esta categoría, seguido de cerca por el 19 por ciento, cuyo arrepentimiento se refería al amor. Justo detrás, y muy concentrados, se encuentran los arrepentimientos relacionados con la educación, la carrera profesional y la economía. Los arrepentimientos relacionados con la salud y los amigos completaron la lista.

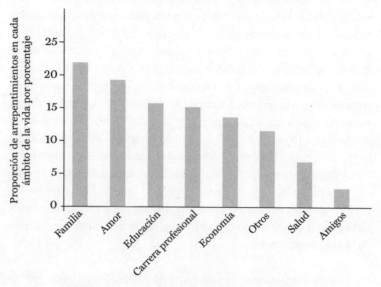

Figura 6. Arrepentimientos más comunes (2021)
Fuente: Daniel Pink *et al.*, American Regret Project, 2021.

Dicho de otro modo, la mayor y más representativa encuesta de arrepentimiento jamás realizada llegó a una clara conclusión: los arrepentimientos de los estadounidenses abarcan una amplia gama de ámbitos en lugar de agruparse en una sola categoría. En efecto, la gente se arrepiente de muchas cosas: relaciones familiares, elecciones amorosas, trayectorias profesionales, educativas, etcétera.

Tal vez no debiera sorprendernos. Después de todo, el arrepentimiento es universal. Es parte fundamental del ser humano. La vida se extiende por múltiples ámbitos: somos padres, hijos, hijas, cónyuges, parejas, empleados, jefes, estudiantes, gastadores, inversores, ciudadanos, amigos y más. ¿Por qué no íbamos a arrepentirnos en distintos ámbitos?

Con todo, este resultado sigue siendo insatisfactorio. Ofrecía un atisbo de comprensión, pero ni de lejos la iluminación que buscaba. Cuando volví a los datos y recogí miles de entradas más en todo el mundo en la Wold Regret Survey, descubrí la razón. La pregunta era acertada, pero estaba buscando la respuesta en el lugar equivocado.

«No practicaba ni "lo daba todo" cuando jugaba al baloncesto en el instituto. Creo que es porque temía que me compararan con mi hermano, ser peor que él, lo que al final ocurrió por mi falta de esfuerzo.»

Hombre, veinticuatro años, Utah

//

«Fingir ser menos inteligente e ingeniosa de lo que realmente soy para complacer y no molestar a los demás. Esto también incluye las reuniones de negocios con clientes y luego escuchar: "Es una inútil en las reuniones con clientes".»

Mujer, treinta y nueve años, Arabia Saudita

//

«Me arrepiento de no haber aprendido más, antes, sobre el racismo.»

Mujer, setenta y ocho años, Pensilvania

6

Los cuatro principales arrepentimientos

Kevin se arrepiente de algo relacionado con su educación. En 2013, cuando cursaba el último año de Biología en la Universidad Johns Hopkins, quería convertirse en médico, como sus cuatro abuelos. Sus calificaciones eran buenas. El único paso que le quedaba era aprobar el examen de acceso a la facultad de Medicina (MCAT). Como explica Kevin casi una década después, procrastinó «tanto el estudio para el MCAT que fracasé en el examen y acabé por no entrar en la facultad de Medicina». Hoy trabaja en un hospital de Nueva York, pero como administrador, y controla los costes en lugar de trabajar como médico atendiendo a los pacientes.

En la otra punta de Estados Unidos, en el sur de California, John Welches también se arrepiente de algo relacionado con la educación:

> Cuando me acercaba al final de mi licenciatura en Escritura Creativa, mis profesores me instaron a estudiar un MFA (máster en escritura creativa). Decían que mi escritura era sólida y que se beneficiaría de esa especialización. Incluso gané los dos premios de ficción que otorgaba el programa.
>
> El problema: me iba a casar un mes antes de la graduación. ¿Qué hace un recién casado después de graduarse en la universidad? Consigue un trabajo.

Así que, en lugar de hacer caso a su interés y a los consejos de sus mentores, se saltó el máster: «Me abrí camino en un banco y acabé desempeñando el deprimente trabajo de redactor publicitario».

Dos hombres estadounidenses que albergan el mismo pesar: no haber seguido una educación de posgrado que les habría permitido desarrollar una carrera profesional que no tienen. Pero ¿en qué se parecen?

Kevin lamenta no haberse tomado en serio su futuro. John, no haber asumido el riesgo. Kevin se arrepiente de no haber cumplido las expectativas de los demás. John, de no haber creado las expectativas necesarias para sí mismo. Kevin se arrepiente de no haber sido concienzudo. John, de no haber sido audaz. A simple vista, parece que los arrepentimientos de ambos ocupan un terreno similar. Bajo la superficie, las raíces divergen.

A veces, cuando analizaba las entradas de la World Regret Survey, no sentía estar estudiando una emoción incomprendida sino estar manejando un gigantesco confesionario *online*.

Por ejemplo, cientos de personas presentaron arrepentimientos relacionados con la pareja, como el de este hombre australiano de sesenta y un años:

Ser infiel a mi mujer y justificarlo egoístamente para convencerme de que ella era el problema es de lo que más me arrepiento.

Semanas después de recibir esa confesión, un canadiense de treinta y siete años afirmó arrepentirse por cómo había tratado a sus compañeros:

Me arrepiento de haber acosado a varios niños de mi clase. Cuando pienso en ello, me avergüenzo y no puedo sino desear volver atrás y cambiarlo.

Poco después, otro hombre de treinta y siete años, éste de California, reveló:

Hice trampa en una elección estudiantil al desechar el voto del amigo de mi oponente, que yo sabía que sólo había acudido a la reunión para votar por él. Creo que no lo necesitaba para ganar, razón por la que comprometer mi integridad fue todavía más triste.

Tres hombres con remordimientos que abarcan un amplio territorio: un matrimonio australiano, una infancia canadiense, unas elecciones en California. Pero ¿son tan diferentes?

Todos implican una brecha moral. En un momento de su vida (ahora grabado en su memoria) los tres se enfrentaron a una elección: ¿respetar sus principios o traicionarlos? En ese momento, los tres eligieron mal. A simple vista, sus arrepentimientos se asoman a diferentes parcelas del paisaje de la vida. Bajo la superficie, crecen con raíces comunes.

Similitudes y diferencias

Si alguna vez has viajado a un lugar en el que la gente habla una lengua diferente a la tuya, quizá hayas sentido una punzada de envidia al encontrarte con un niño de cuatro años. A mí me ha pasado.

Empecé a aprender español de adulto. No fue *bonita*.[1] Tergiversaba los verbos irregulares. Confundía los géneros y colocaba mal los adjetivos. ¿Y el subjuntivo? *¡Dios mío!*[2] Sin embargo, cada vez que veía niños de preescolar de una comunidad hispanohablante en Estados Unidos o en el extranjero, su lengua no me parecía difícil.

El trabajo de Noam Chomsky me ayudó a entender por qué. Hasta finales de la década de 1950, la mayoría de los científicos creían que los niños eran pizarras lingüísticas en blanco que aprendían a hablar a base de repetir lo que decían los adultos. Cuando la imitación de los niños era correcta, se los elogiaba. Cuando no lo era, se los corregía. Con el tiempo, este proceso grababa en sus pequeños cerebros los circuitos de cualquiera que fuera el idioma que hablaran sus padres. La gran variedad de lenguas que se hablan en todo el mundo lo atestigua. Cierto: algunos idiomas —el danés y el alemán, por ejemplo— compartían una historia. Pero el lenguaje carecía de una base común.

A partir de un libro de 1957 titulado *Syntactic Structures* (traducido al español como *Estructuras sintácticas*, Siglo XXI, México, 1974), Chomsky echó por tierra estas creencias. Afirmaba que todo lenguaje estaba construido sobre una «estructura profunda», un marco universal de reglas alojado en el cerebro humano.[3] Cuando los niños aprenden a hablar, no se limitan a repetir sonidos. Están activando un cableado gramatical que ya existe. El lenguaje no es una habilidad adquirida, decía Chomsky. Es una capacidad innata. Un niño que aprende a hablar vietnamita o croata no es muy diferente del que aprende a andar en Hanói o en Zagreb. Sólo lo hacen los seres humanos. Sí, las distintas lenguas difieren, pero sólo en sus «estructuras superficiales». El hindi, el polaco y el suajili son variantes de una misma plantilla. En todas subyace la misma estructura profunda.

La idea de Chomsky revolucionó el estudio de la lingüística y amplió nuestra compresión del cerebro y de la mente. A lo largo de su carrera, se granjeó detractores y algunos rechazaron su política de izquierdas. Sin embargo, su contribución a la ciencia es tan innegable como duradera. Una de las consecuencias de su trabajo fue la constatación de que, entre las lenguas del mundo, la similitud suele ocultar la diferencia, y la diferencia suele ocultar la similitud.

Por citar uno de los ejemplos más célebres de Chomsky,[4] estas dos frases en inglés parecen casi idénticas:

«John is eager to please.» [Juan está deseoso de agradar.]
«John is easy to please.» [Juan es fácil de complacer.]

Ambas contienen cinco palabras: un sustantivo, un verbo, un adjetivo y un infinitivo. Cuatro de las palabras son iguales; la otra difiere (en inglés: *eager/easy*) en algunas letras. Pero en realidad las frases son muy diferentes. En la primera, John es el sujeto. En la segunda, es el objeto. Si reformulamos la segunda frase como

«Es fácil complacer a Juan», el significado se mantiene. Pero si reformulamos la primera frase como «Es deseoso agradar a Juan», el significado se desmorona. Sus estructuras superficiales son las mismas, pero eso no nos dice mucho, porque divergen sus estructuras profundas.

Por otro lado, estas dos frases parecen diferentes:

Ha-yoon fue a la tienda.

하윤이는 그 가게에 갔다.

Una capa más abajo son idénticas: una frase nominal (*Hayoon*, 하윤이는), una verbal (fue, 갔다) y una preposicional (a la tienda, 그 가게에). Sus estructuras superficiales difieren, pero sus estructuras profundas son las mismas.

Chomsky demostró que lo que parecía complicado y desordenado no lo era; bajo la cacofonía de la torre de Babel, corría una melodía humana común.

Tardé un tiempo en darme cuenta, pero descubrí que también el arrepentimiento tiene una estructura superficial y una estructura profunda. Lo que es visible y fácil de describir —ámbitos de la vida como la familia, la educación y el trabajo— es menos importante que la arquitectura oculta de las motivaciones y aspiraciones humanas que subyacen.

La estructura profunda del arrepentimiento

Leer y releer miles de arrepentimientos es abrumador; clasificarlos y reclasificarlos, más todavía. A medida que revisaba las entradas, comencé a identificar ciertas palabras y frases que seguían apareciendo sin una correlación notable con la edad, la ubicación o el sexo del encuestado, ni con el tema que la persona estaba describiendo:

«Diligente»... «Más estable».... «Malos hábitos»...
«Darme la oportunidad»... «Hacerme valer»... «Explorar»...

«Equivocado»... «No está bien»... «Sabía que no debía»...
«Oportunidad perdida»... «Más tiempo»... «Amor»...

Palabras y frases como éstas ofrecen claves sobre la estructura profunda. A medida que se iban amontonando, como miles de puntos de colores en un cuadro puntillista, empezaban a tomar forma. Las formas abarcan la vida de todos nosotros y permean cómo pensamos, sentimos y vivimos. Hay cuatro categorías del arrepentimiento humano:

Arrepentimientos de base. La primera categoría de estructura profunda atraviesa casi todas las de la superficie. Gran parte de nuestros arrepentimientos relacionados con la educación, la economía y la salud son diferentes expresiones externas del mismo arrepentimiento principal: nuestra incapacidad de ser responsables, concienzudos o prudentes. Nuestra vida requiere un nivel básico de estabilidad. Sin una medida de bienestar físico y seguridad material, cuesta imaginar, y más aún perseguir, cualquier otra meta. Con todo, a veces nuestras elecciones socavan esta necesidad a largo plazo. Nos arredramos en los estudios y los abandonamos antes de tiempo. Gastamos más y ahorramos menos. Adoptamos hábitos poco saludables. Cuando esas decisiones hacen que la plataforma de nuestra vida se tambalee y que el futuro no esté a la altura de las esperanzas, aparece el arrepentimiento.

Arrepentimientos de audacia. Necesitamos una plataforma estable para la vida, pero eso no es suficiente. Uno de los descubrimientos más sólidos tanto en la investigación académica como en la mía, es que, con el tiempo, es más probable que nos arrepintamos de los riesgos que no asumimos que de los que asumimos. De nuevo, el dominio superficial —ya sea que el riesgo esté relacionado con la educación, con nuestro trabajo o con el amor— no importa. Lo que nos persigue es la inacción. Las oportunidades perdidas de dejar nuestra ciudad natal, lanzar un negocio, perseguir nuestro verdadero amor o ver mundo persisten del mismo modo.

Arrepentimientos morales. La mayoría queremos ser buenas personas. Sin embargo, a menudo nos enfrentamos a elecciones que nos tientan a tomar el camino fácil. Cuando lo recorremos, no siempre nos sentimos mal de inmediato (la racionalización es un arma mental tan poderosa que debería requerir un control de antecedentes). Con el tiempo, estas decisiones moralmente dudosas pueden corroernos. Una vez más, el ámbito en el que suceden —engañar a un cónyuge, hacer trampa en un examen, estafar a un socio— es menos significativo que el acto en sí. Cuando actuamos mal o comprometemos la creencia en nuestra bondad, el arrepentimiento puede acumularse y quedarse.

Arrepentimiento de conexión. Nuestras acciones dan rumbo a nuestra vida, pero son los demás quienes dan sentido a esa vida. Gran cantidad de arrepentimientos provienen de nuestra incapacidad para reconocer y honrar este principio. Relaciones rotas o no realizadas con parejas, socios, padres, hijos, hermanos, amigos, compañeros de clase y colegas constituyen la mayor categoría del arrepentimiento de estructura profunda. Los arrepentimientos de conexión surgen cada vez que descuidamos a las personas que ayudan a establecer nuestro sentido de plenitud. Cuando estas relaciones se deshacen, desaparecen o no llegan a desarrollarse, sentimos una pérdida permanente.

Los próximos cuatro capítulos explorarán cada uno de estos arrepentimientos de estructura profunda. Escucharás la voz de personas de todo el mundo que describen arrepentimientos de base, de audacia, morales y de conexión. Sin embargo, a medida que el coro vaya tomando forma, si aguzas el oído, también oirás algo más: la vívida armonía de lo que todos necesitamos para alcanzar una vida plena.

«Lamento no haberme enfrentado a los hombres que me violaron. Ahora que soy más fuerte, no dejaré que un hombre vuelva a hacerme daño.»

Mujer, veintinueve años, Texas

//

«En 1964, un compañero de universidad me invitó a unirme al Mississippi Freedom Summer, pero acepté un trabajo con mi padre como jefe en Oklahoma.»

Hombre, setenta y seis años, California

//

«Seguir una carrera profesional por dinero en lugar de optar por mi pasión o el trabajo del que realmente disfrutaría. Mi madre me convenció de que me moriría de hambre si elegía una carrera relacionada con el arte, así que ahora estoy tras un escritorio enredada en la burocracia de la administración. Y la vida se me va.»

Mujer, cuarenta y cinco años, Minnesota

7

Arrepentimientos de base

En 1996, pocos días después de graduarse en secundaria, Jason Drent consiguió un trabajo a tiempo completo como comercial en Best Buy, el gran minorista de productos electrónicos. La ética de trabajo de Jason era enorme y su laboriosidad pronto dio sus frutos. Enseguida se convirtió en el gerente de ventas más joven de la historia de Best Buy. Años más tarde, otro vendedor ocupó su puesto y Jason fue escalando peldaños en la empresa. Director de zona. Director regional. En poco tiempo, ganaba un salario de seis cifras y asumía responsabilidades ejecutivas. Se embarcó en una serie de traslados para potenciar su carrera profesional: de Ohio a Illinois, luego a Massachusetts, Míchigan y Tennessee. A los cuarenta y tres años, dirige el departamento de recursos humanos en la sede corporativa de una gran cadena de ropa.

Aparentemente, la historia de Jason Drent es un éxito: un hombre joven con una infancia dura, incluida una temporada en un hogar de acogida, pero cuyo cerebro, ambición y valor impulsaron su ascenso en la América corporativa. Sin embargo, su historia, que contó en la World Regret Survey, viene con una importante nota a pie de página:

> Lamento no haber ahorrado dinero desde que empecé a trabajar. Me abruma pensar en lo duro que he trabajado durante los últimos veinticinco años, pero, financieramente hablando, no tengo nada.

Jason cuenta con un excelente currículo, pero apenas tiene un centavo: un historial positivo de logros, pero un valor neto negativo.

Desde que cobrara su primer cheque, se dijo: «En cuanto pueda, me compraré todo lo que quiera». No era especialmente derrochador. «Compraba sin ton ni son un montón de cosas del día a día», me dijo. Un coche decente. Algo de ropa. El orgullo del «gran hombre del campus», como él decía, de pagar siempre en las cenas con amigos. Eso le hacía sentir bien.

Pero las pequeñas decisiones cotidianas que lo sedujeron entonces ahora le persiguen. «Es triste echar la vista atrás —me dijo—. A estas alturas, debería tener más recursos.»

Para ser un tipo que, según los estudiosos de la Antigüedad, podría no haber existido nunca, Esopo ha disfrutado de una buena racha como autor. Las fábulas que llevan su nombre (pero que quizá sean el producto de muchos creadores a lo largo de los años) se remontan a cinco siglos antes de nuestra era. Han sido superventas durante más de dos mil años y se han convertido en un elemento habitual tanto en las secciones infantiles de las librerías como en las sesiones de cuentos a la hora de dormir. Siguen siendo populares incluso en la era de los pódcast y los servicios de *streaming*. ¿Quién de nosotros no disfruta escuchando lecciones de vida impartidas por animales parlantes?

Una de sus fábulas más célebres es *La cigarra y la hormiga*. La historia es engañosamente simple. Durante un largo verano, la cigarra se repantiga, toca el violín y trata de convencer a su amiga, la hormiga, para que se una al baile y otros festejos de los insectos. La hormiga se niega. Elige la ardua tarea de cargar maíz y grano para almacenarlo.

Cuando llega el invierno, la cigarra se da cuenta de su error. Se aferra a su violín para calentarse, pero pronto muere de hambre. La hormiga y su familia comen de la reserva de alimentos que esta criatura más previsora ha recogido durante el verano.

Durante mis conversaciones con Jason, le dije que me recordaba a la cigarra. Él sacudió la cabeza apesadumbrado. «Nunca tomé medidas por si acaso», dijo él. Durante el verano de su vida, hubo «un montón de momentos displicentes en los que disfruté diciendo "¿Y qué?" y pasé de todo». Al final reconoció que «fueron veinticinco años tocando el violín».

La primera de las cuatro categorías en la estructura profunda del arrepentimiento es lo que llamo «arrepentimientos de base».

Los arrepentimientos de base surgen de nuestros fallos de previsión y conciencia. Como todos los de estructura profunda, empiezan con una elección. Estas elecciones requieren un sacrificio a corto plazo al servicio de una recompensa a largo plazo. Las demás elecciones representan el camino de la cigarra. Éste exige poco esfuerzo o perseverancia a corto plazo, pero comporta el riesgo de suponer un gran coste a largo plazo.

En esa encrucijada, elegimos el camino de la cigarra.

Gastamos demasiado y ahorramos poco. Bebemos y nos emborrachamos a costa de hacer ejercicio con regularidad y alimentarnos bien. Nos esforzamos poco y a regañadientes en los estudios, en casa o en el trabajo. Las ramificaciones de estas elecciones progresivas no se materializan de inmediato, pero se van acumulando a lo largo del tiempo. Pronto, las consecuencias devienen demasiado evidentes para negarlas y, al final, demasiado grandes para enmendarlas.

Los arrepentimientos de base se resumen en algo parecido a esto: «Si sólo hubiera hecho el trabajo».

El atractivo y la lógica

Los arrepentimientos de base empiezan con un cebo irresistible y terminan con una lógica inexorable. Pensemos en esta mujer canadiense, originaria de Alberta, cuyo arrepentimiento proviene de Esopo:

> Me arrepiento de no haber cuidado de mi salud durante años. Hice mucho para perjudicarla y poco para ayudarla. Además, no ahorré para la jubilación y ahora, que tengo sesenta y dos años, estoy enferma y sin dinero.

Por lo general, leemos *La cigarra y la hormiga* como un cuento moral, pero es una historia sobre el conocimiento. Al estar de fiesta todo el verano en lugar de recogiendo alimento para el invierno, la cigarra sucumbió a lo que los economistas llaman «descuento temporal».[1] Sobrevaloró el ahora e infravaloró (léase, *descontó*) el futuro. Cuando este sesgo se apodera de nuestro pensamiento, solemos tomar decisiones desafortunadas.

La herramienta explicativa preferida de Esopo era la parábola, pero podemos transmitir la idea con la misma claridad a través de un gráfico:

Figura 7

La cigarra valoraba más el disfrute inmediato que comer en el futuro. La mujer de Alberta valoraba más la gratificación en la juventud que la salud y la satisfacción en la madurez. Jason Drent dice que sus primeras nóminas le hacían sentir tan «invencible» que le impedían ver a largo plazo.

Tanto en el American Regret Project como en la World Regret Survey, los encuestados describían su experiencia del descuento temporal con el lenguaje del exceso temprano. Un hombre de treinta y un años de Arkansas dijo:

> A los veinte años, bebía demasiado. Tuve un accidente por conducir ebrio. Eso desbarató mis planes de alistarme en el ejército.

Una mujer de cuarenta y cinco años de Irlanda:

> De joven, no me cuidaba mucho. Bebía y fumaba demasiado y me acostaba con demasiados chicos.

Un hombre de cuarenta y nueve años de Virginia:

Me arrepiento de no haberme tomado más en serio mis estudios universitarios. En lugar de pensar en el futuro, dedicaba demasiado a disfrutar del presente.

Para identificar un arrepentimiento de base en ti o en los demás, presta atención a la palabra *demasiado*, ya sea en relación con el consumo de alcohol, videojuegos, televisión, con el gasto de dinero o con cualquier otra actividad cuyo atractivo inmediato supere su valor a largo plazo. A continuación, busca las palabras *demasiado poco*, ya aludan a los estudios, el ahorro, la práctica de deporte, de un instrumento musical o a cualquier otra actividad que requiera un compromiso. Un estudio realizado con atletas universitarios, por ejemplo, descubrió que sus mayores arrepentimientos se centraban en comer demasiado y en dormir y entrenar demasiado poco.[2]

El descuento temporal es sólo el principio, por cuanto esta categoría de estructura profunda implica un segundo problema basado en el tiempo. Algunos arrepentimientos conllevan su dolor al instante. Si conduzco mi coche muy por encima del límite de velocidad y choco contra otro vehículo, las consecuencias de la decisión y, por ende, mi arrepentimiento, son instantáneas. Un vehículo destrozado, dolor de espalda, un día perdido. Sin embargo, los arrepentimientos de base no llegan con el ruido y la furia de una colisión. Avanzan a otro ritmo.

En el capítulo 13 de la novela de Ernest Hemingway de 1926 *Fiesta* (Planeta, 1993), algunos amigos del expatriado Jake Barnes llegan a Pamplona, España, y se reúnen a tomar una copa. Durante la conversación, Mike Campbell, un escocés, revela a los demás su reciente bancarrota.

> —¿Cómo te arruinaste? —le pregunta el estadounidense Bill Gorton.
> —De dos formas —responde Cambell—. Primero, poco a poco; luego, de repente.[3]

Y así las personas descubren sus arrepentimientos de base. Muchos errores individuales en salud, educación o finanzas no son en sí devastadores de inmediato. Sin embargo, la fuerza de todas esas malas decisiones, que se acumula lentamente, puede llegar como un tornado: primero, de manera gradual; luego, de repente. Cuando advertimos lo que está pasando, ya no podemos hacer mucho.

De nuevo, las personas emplearon un lenguaje similar para describir arrepentimientos cuyas consecuencias entendieron demasiado tarde. Un hombre de Florida de sesenta y un años, emulando el estilo lacónico de Hemingway, escribió:

No ahorrar dinero desde una edad temprana. Interés compuesto.

Un australiano de cuarenta y seis años dijo:

Debería haber elegido otros temas y haber trabajado más para obtener los beneficios compuestos a lo largo de la vida.

Un hombre de Míchigan de treinta y tres años:

Lamento no haber apreciado las bondades de la lectura antes. Ahora me doy cuenta del valor que tiene y a menudo me pregunto cuál habría sido el efecto acumulado de haber empezado diez o quince años antes.

Capitalización. Es un concepto poderoso, pero a nuestra mente de cigarra le cuesta comprenderlo.

Pongamos por caso que te ofrezco una elección: un millón de dólares en efectivo hoy o un centavo que duplicará su valor a diario durante un mes. La mayoría de las personas, según se desprende de los experimentos realizados, optaría por el millón de dólares.[4] Durante las primeras tres semanas y media de nuestro pacto, esa decisión parecería sabia. Al cabo de un poco más, el día 30, ese centavo se convertiría en más de cinco millones de dólares. Podemos explicar el poder de la capitalización con otro gráfico, que, como verás, es el vivo reflejo del anterior:

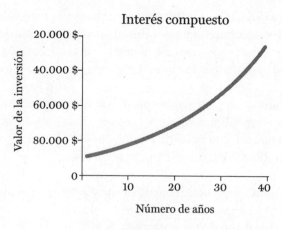

Figura 8

Si inviertes 10.000 dólares a un tasa de interés compuesto del 5 por ciento, después de un año obtendrás 500 dólares adicionales. Al cabo de diez años, habrás ganado 6.500 dólares. A los veinte años, prácticamente habrás triplicado tu dinero. Sin embargo, después de treinta años, tu apuesta valdrá más de 44.600 dólares, más del cuádruple de lo que tenías al principio. A corto plazo, el interés del dinero que has pedido prestado o que has ahorrado no supone mucho. A medio plazo, se incrementa. A largo plazo, explota. Y este principio no se aplica sólo a las finanzas; con el tiempo, también las pequeñas decisiones relacionadas con la alimentación, el ejercicio, los estudios, la lectura y el trabajo producen beneficios o daños explosivos.

Nuestro cerebro nos juega una doble mala pasada. Nos induce a valorar mucho el ahora y demasiado poco el después. Y eso nos impide comprender el efecto compuesto no lineal de nuestra elección. Si superpones los dos gráficos, formarán una trampa de la que resulta difícil escapar.

No sólo cuesta evitar los arrepentimientos de base. Son difíciles de deshacer. Es el caso, sobre todo, de los arrepentimientos financieros, como el de Jason, que la gente describió. Una mujer californiana de cincuenta y cinco años dijo que la deuda acumulada por decisiones monetarias precipitadas «hace que se me enreden los pies». A un hombre indio de cuarenta y seis años, la falta de una base financiera le impedía «tener el espacio para vivir». «Cuando pienso en el dinero que podría haber ahorrado y en cómo lo desperdicié, se me revuelve el estómago», dijo una mujer de cuarenta y siete años del estado de Washington. Y una de cuarenta y seis años de Massachusetts que no aprendió «a gestionar mejor el dinero» concluyó que «la mayoría de mis arrepentimientos parecen remitirse a ése».

Los arrepentimientos de base se distribuyeron a través de la geografía y el género, pero fueron más frecuentes entre los encuestados de mayor edad, ya que los puntos débiles de los cimientos de cada uno tardan en desarrollarse y en reconocerse. Un hombre de Tennessee dijo:

> Debería haberme esforzado más en la universidad. Sacar mejores notas me habría permitido acceder a un mejor trabajo y ganar más dinero en mi profesión.

A los diecinueve años, la base de este hombre parecía sólida. A los veintinueve, se arruinó. A los treinta y nueve, se tambaleaba. Ahora, a los cuarenta y nueve, parece estar desintegrándose. Su equilibrio es inestable debido a un conjunto de decisiones aparentemente pequeñas que tomó hace tres largas décadas. Pero incluso personas más jóvenes, que aún no habían visto los resultados de sus errores, compartían esta categoría. «Ojalá hubiera estudiado más», dijo una mujer malaya de veinticinco años. «Ojalá me hubiera esforzado más en la universidad y empleado mi tiempo de forma más juiciosa», dijo otra veinteañera que vive en India.

Muchos encuestados no sólo lamentaron las ramificaciones prácticas de no cuidar los cimientos propios. También presentaban el melancólico sentimiento de la oportunidad perdida. Una mujer de cuarenta y nueve años, tras más de dos décadas de haber terminado sus estudios, escribió:

Me habría gustado haber sido más consciente del privilegio que tenía de poder ir a la universidad y haberme esforzado para obtener mejores resultados.

El patrón es similar en lo relacionado con las decisiones que atañen a la salud, incluidos los malos hábitos alimentarios y la falta de ejercicio, que también cobran fuerza y ponen en peligro los cimientos de las personas. En la World Regret Survey, arrepentimientos como el consumo de tabaco, especialmente a partir de una edad temprana, provenían de encuestados de los seis continentes, incluido el de este hombre colombiano de treinta y nueve años:

Me arrepiento de haber fumado tanto en mi vida, pese a saber lo malo que era para mi salud y para la de mi entorno. Seguía fumando un paquete al día, a veces más. Me evadía de mis frustraciones y mi ansiedad fumando.

En cuanto a la salud mental, los arrepentimientos de base suelen tener que ver con la incapacidad para reconocer el problema y ponerle remedio. Como admitió un hombre de Oregón de cuarenta y tres años:

Me arrepiento de no haberme tomado en serio mi salud mental a los veinte. No hacerlo me hizo perder la autoestima.

Muchas personas que tomaron medidas para reconstruir unos cimientos psicológicos que se estaban derrumbando se arrepintieron de no haber iniciado antes el proceso. Como una mujer de Arizona de cuarenta y cuatro años, que dijo:

Lamento no haber encontrado un buen terapeuta hace diez o quince años.

Asimismo, una persona no binaria de cincuenta y siete años de Oregón lamentaba:

No haber tomado antidepresivos cuando me los recetaron en 2002 y haber esperado hasta 2010. Han sido un regalo del cielo y me arrepiento de no haberlos tomado antes. Esos ocho años podrían haber sido muy diferentes.

En cada arrepentimiento hay una solución. Así como los de base pueden definirse con una trillada fábula, la respuesta a ellos está en un antiguo proverbio chino:

El mejor momento para plantar un árbol es hace veinte años.
El segundo mejor momento es hoy.

Error de atribución de la base

Los arrepentimientos de base son más complicados que los de estructura profunda que describiré en los próximos capítulos. Recuerda que lo que distingue al arrepentimiento de la decepción es la responsabilidad personal. Las decepciones escapan a tu control. La niña que se despierta y descubre que el ratoncito Pérez no le ha dejado una moneda se siente decepcionada. Los arrepentimientos, en cambio, son culpa tuya. Los padres que se despiertan y se dan cuenta de que han olvidado retirar el diente que dejó su hija y dejarle una moneda se sienten arrepentidos. Sin embargo, cuando se trata de asuntos como la salud física, el nivel educativo y la seguridad económica, la frontera entre la responsabilidad personal y la circunstancia externa es confusa.

¿Tienes sobrepeso debido a tus malas elecciones nutricionales o porque nadie te ha enseñado, y menos aún ha predicado con el ejemplo, a comer de manera saludable? ¿Tienes una cuenta de jubilación insignificante porque has gastado demasiado en frivolidades o porque empezaste tu carrera profesional cargado de deudas estudiantiles y carente del más mínimo colchón económico? ¿Abandonaste la universidad por tu defectuosa ética de trabajo o porque tu mediocre instituto no te preparó para la exigencia de los estudios universitarios?

Uno de los sesgos cognitivos más frecuentes —en cierto modo, el supersesgo— es el denominado «error de atribución fundamental». Cuando la gente, especialmente los occidentales, trata de explicar el comportamiento de alguien, con frecuencia atribuye el comportamiento a la personalidad y la disposición de la persona en lugar de a su situación y su contexto.[5] Por poner un ejemplo clásico, cuando un conductor se nos cruza en la carretera, de inmediato damos por hecho que es idiota. Jamás nos planteamos que esa persona podría estar yendo a toda velocidad porque se dirige al hospital. O cuando alguien parece inquieto en una presentación, asumimos que es intrínsecamente nervioso, no que no tenga mucha experiencia hablando en público. Ponemos demasiada carga explicativa en la persona y muy poca en la situación.

Con esta categoría de arrepentimientos podría estar sucediendo algo similar: un error de atribución de la base. Atribuimos estos fallos, tanto en nosotros como en los demás, a elecciones personales, cuando a menudo son, por lo menos en parte, el resultado de circunstancias que no podemos controlar.[6] Eso significa que la base para corregir los arrepentimientos, y una forma de evitarlos, no es sólo cambiar a la persona, sino reconfigurar su situación, su entorno y su ambiente. Debemos crear las condiciones a todos los niveles —sociedad, comunidad y familia— para mejorar las decisiones básicas de los individuos.

Esto es lo que intenta hacer Jason Brent.

Lecciones de una cigarra

En su trabajo, Jason supervisa las políticas y los programas de un minorista que emplea a más de mil asociados, muchos de ellos jóvenes. Afronta el puesto con un mayor sentido de misión que cuando era un adolescente que vendía reproductores de DVD en Best Buy. «Los ayudo a navegar a través de muchos de los aspectos básicos de la vida. No soy el único con una base menos que excelente», dijo.

Explica a los asociados la importancia de desarrollar sus habilidades y conexiones, y a ahorrar parte de cada nómina para el futuro. Les pide que se planifiquen e intenta mostrarles cómo, al tiempo que él también trata de aplicarse su consejo.

«Me gusta explicarles que tengo cuarenta y tres años y que no cuento con ahorros. Ojalá más personas de mi edad hubieran sido honestas conmigo cuando era joven —dijo—. Les cuento la fábula de la cigarra.»

Todos los arrepentimientos de estructura profunda manifiestan una necesidad y nos aportan una lección. En el caso de los arrepentimientos de base, la necesidad humana que se pone al descubierto es la estabilidad: todos necesitamos una infraestructura de bienestar educativo, financiero y físico que reduzca la incertidumbre psicológica y nos deje tiempo y energía mental para buscar oportunidades y un sentido de propósito.

La lección se remonta a dos milenios y medio atrás. Piensa en el futuro. Haz el trabajo. Empieza ya. Ayúdate, a ti mismo y a los demás, para ser la hormiga.

«A los trece años dejé el saxofón porque pensaba que ya no molaba seguir tocando. Diez años después me doy cuenta de lo equivocado que estaba.»

Hombre, veintitrés años, California

//

«Cuando empecé a trabajar, pensaba que hacerlo dieciocho horas al día, seis días a la semana, me ayudaría a tener éxito. Por el contrario, destruí mi matrimonio y casi mi salud.»

Hombre, sesenta y ocho años, Virginia

//

«Me arrepiento de no haberme casado delante de mi madre. Mi futuro marido estaba en el ejército y teníamos que casarnos rápido en Oklahoma, lejos de Ohio. Ella estaba muy enferma y murió un mes después. Podría haberle dado la felicidad de verme casada, pero egoístamente ni siquiera me lo planteé.»

Mujer, cincuenta y uno años, Ohio

8

Arrepentimientos de audacia

Una tarde de noviembre de 1981, un estadounidense de veintidós años llamado Bruce viajaba en un tren que recorría el norte de Francia. En una estación de París, subió una joven y ocupó el asiento contiguo. Bruce hablaba un francés muy limitado. Sin embargo, ella dominaba el inglés, así que entablaron conversación.

Bruce había pasado el último año en Europa. Había vivido con una familia en Suecia, había conseguido trabajos esporádicos y había viajado a dedo por todo el continente. Ahora se dirigía a Estocolmo para tomar un vuelo de vuelta a Estados Unidos. Tenía prisa: su pase de Interrail expiraba al día siguiente.

La mujer, tal vez uno o dos años más joven que él, era belga. Había estado trabajando como *au pair* en París y volvía a su pequeña ciudad natal para tomarse unas breves vacaciones.

La conversación surgió de manera natural. Enseguida afloraron las risas. Luego empezaron a jugar al ahorcado y a hacer crucigramas. No pasó mucho tiempo antes de que acabaran cogidos de la mano.

«Era como si nos conociéramos de toda la vida —me dijo Bruce—. Jamás me he vuelto a sentir así.»

El tren siguió su marcha. Las horas pasaron con rapidez. Antes de la media noche, cuando el tren se acercaba a una estación belga, la mujer se puso en pie y le dijo.

—Me tengo que ir.

—¡Te acompaño! —dijo Bruce.

—¡Oh, Dios! —respondió ella—. Mi padre me mataría.

Recorrieron juntos el pasillo del tren hasta la puerta. Se besaron.

Apresuradamente, Bruce garabateó su nombre y la dirección de sus padres en Texas en un trozo de papel y se lo entregó. Las puertas del tren se abrieron. Ella bajó. Las puertas se cerraron.

«Y yo me quedé allí aturdido», dijo Bruce, que ahora está en la sesentena y me pidió que no usara su apellido.

Cuando regresó a su asiento, sus compañeros de viaje le preguntaron por qué no había bajado del tren con su novia.

«¡Nos acabamos de conocer!», les dijo Bruce. Ni siquiera sabía cómo se llamaba. No se dijeron directamente ni cómo se llamaban, me contó Bruce, porque «era como si ya lo supiéramos».

Al día siguiente, ya en Estocolmo, Bruce tomó un vuelo de regreso a Estados Unidos.

Cuarenta años después, completó la World Regret Survey, contó esta historia y concluyó: «Nunca la volví a ver, aunque siempre he deseado haberme bajado de ese tren».

Si los arrepentimientos de base surgen por no haberse planificado, trabajado duro, seguido adelante y construido una plataforma estable para la vida, los arrepentimientos de audacia son su contrapartida. Surgen de la incapacidad de aprovechar al máximo esa plataforma, de usarla como un trampolín para alcanzar una vida más rica. A veces los arrepentimientos de audacia surgen de una acumulación de decisiones e indecisiones; en otras ocasiones, son el resultado de un momento aislado. Independientemente de su origen, siempre nos plantean la misma cuestión: ¿ir a lo seguro o arriesgarse?

Por lo que respecta a los arrepentimientos de audacia, elegimos ir a lo seguro. Al principio, eso puede aliviarnos. El cambio puede ser demasiado grande, demasiado disruptivo, desafiante, difícil. Pero, a la larga, la elección nos angustia con un contrafactual en el que habríamos podido ser más atrevidos y sentirnos, por ende, más realizados.

Los arrepentimientos de audacia suenan así: «Si sólo hubiera corrido el riesgo».

Alzar la voz y hablar claro

Los arrepentimientos de audacia suelen iniciarse con una voz que no se oye. Zach Hasselbarth, un gestor de préstamos al consumo de treinta y dos años de Connecticut, ofreció esto a la World Regret Survey:

> Dejé que el miedo al qué dirán me impidiera ser más extrovertido en el instituto. Me arrepiento de no haberme arriesgado más y de haber sido tan tímido.

«Por aquel entonces —me dijo en una entrevista—, pensaba que el hecho de ser rechazado o de decir que no era el fin del mundo.» Así que bajaba la cabeza, no hablaba mucho y rara vez anunciaba su presencia. Más tarde, gracias a un intrépido compañero de universidad, Zach desaprendió parte de ese comportamiento. Sin embargo, aún se recrimina las oportunidades que perdió y las aportaciones que dejó de hacer.

Varios encuestados utilizaban un lenguaje casi idéntico al de un hombre de treinta y cinco años de la Columbia Británica cuyo arrepentimiento era «no aprender a hablar por mí mismo... en el amor, en el colegio, en mi familia, en mi carrera profesional». Algunos lo describieron como sigue: «Temo mi propia voz». Una enorme cantidad de personas de todas las edades y nacionalidades lamentaban ser «demasiado introvertidas».

La introversión y la extroversión son temas espinosos, en parte porque a menudo divergen la creencia popular y la ciencia ortodoxa. La visión tradicional, reforzada por la ubicuidad de evaluaciones —como el Indicador Myers-Briggs—, sostiene que somos introvertidos o extrovertidos. Sin embargo, los psicólogos de la personalidad —los científicos que empezaron a estudiar el tema hace cien años— concluyeron que la mayoría de las personas son un poco de ambas cosas. La introversión y la extroversión no son tipos de personalidad no binarios. Este rasgo se entiende mejor si se ve como un espectro, uno en el que casi dos tercios de la población cae en el medio.[1] No obstante, casi nadie describió excesos de extroversión en las encuestas de arrepentimiento, tanto cuantitativas como cualitativas, mientras que muchos lamentaron inclinarse hacia el otro lado de la balanza.

Por ejemplo, un hombre de California se arrepentía de haber utilizado su «tendencia introvertida como excusa» para «no hablar» en el aula, en la oficina e incluso «cuando competía a nivel deportivo».

Una mujer de cuarenta y ocho años de Virginia dijo:

Me arrepiento de haber permitido que mi timidez (y mi introversión) me impidiera cambiarme a un mercado más amplio, en el que las oportunidades laborales, las actividades y la posibilidad de conocer gente son mejores que donde estoy ahora.

Un hombre de cincuenta y tres años de Reino Unido afirmó:

Me arrepiento de haber sido demasiado tímido y educado en mi adolescencia y juventud, de haber tomado siempre el camino seguro sin ofender a los demás. Podría haber asumido riesgos, haber sido más asertivo y haber vivido más experiencias.

Como ambivertido de libro que prefiere la compañía de gente tranquila, me he alegrado desde la barrera cuando otros han denunciado el «ideal extrovertido» en la cultura occidental. Con todo, la evidencia muestra que los pequeños esfuerzos para moverse en esa dirección pueden ser de ayuda. Por ejemplo, Seth Margolis y Sonia Lyubomirsky, de la Universidad de California, en Riverside, descubrieron que el hecho de pedir a las personas que se comporten como extrovertidas durante una semana incrementaba sensiblemente su bienestar.[2]

De la misma manera, muchas personas que superaron sus aprensiones y derramaron incluso una pequeña tintura de temeridad informaron de haber sido transformadas, incluida esta mujer de cincuenta y seis años de Carolina del Norte:

> No aprendí a encontrar mi voz hasta que tuve hijos y me convertí en la suya. Antes, en especial en el colegio, no decía nada en clase, pues había niños abusones y hostigadores. En aquel momento no sabía alzar la voz. Ojalá no me hubiera quedado callada.

Dar un paso y salir adelante

Meses después de su encuentro en el tren, Bruce se fue a vivir a College Station, Texas. Un día su madre le reenvió una carta con sello francés y matasellos de París que había llegado a su casa. En su interior había un folio escrito de arriba abajo con letra ondulante.

El inglés de la carta no era muy bueno y, quizá por ello, el sentimiento que transmitía era un tanto complicado de entender. Bruce supo por fin el nombre de la mujer —Sandra—, pero poco más. «Tal vez sea una locura, pero cada vez que pienso en ti, sonrío —escribió Sandra—. Estoy convencida de que entiendes lo que siento, aunque apenas me conoces». Las palabras parecían tiernas, excepto por la superficial conclusión: «¡Que tengas un gran día!». Sandra no firmó con su apellido ni incluyó remite en el sobre.

En la era preinternet de principios de los años ochenta, eso detenía la comunicación. Para Bruce, las puertas se habían abierto —y cerrado— de nuevo.

En lugar de tratar de localizarla, optó por tirar la carta.

«Decidí que no la podía guardar —me dijo— porque acabaría obsesionándome.»

El dolor de los arrepentimientos de audacia es el del «¿Y sí?». Thomas Gilovich, Victoria Medvec y otros investigadores han comprobado en reiteradas ocasiones que las personas se arrepienten más de las inacciones que de las acciones, sobre todo a largo plazo. «La lamentable falta de acción... tiene una vida media más larga que las acciones lamentables», escribieron Gilovich y Medvec en uno de sus primeros estudios.[3] En mi encuesta del American Regret Project, los arrepentimientos por inacción superaban a los arrepentimientos por acción en una proporción de casi dos por uno. Asimismo, otra investigación ha encontrado una preponderancia de los arrepentimientos por inacción incluso en culturas menos individualistas, como la china, la japonesa y la rusa.[4]

Una de las razones principales de esta discrepancia es que, cuando actuamos, sabemos lo que pasa a continuación. Vemos el resultado y eso puede reducir la vida media del arrepentimiento. Sin embargo, si no actuamos —si no bajamos de ese tren metafórico—, sólo cabe especular sobre cómo se habrían desarrollado los acontecimientos. «Como las inacciones lamentables son más vivas, actuales e incompletas que las acciones lamentables, tienden a recordarse más a menudo», afirman Gilovich y Medvec.[5] O, como escribió el poeta estadounidense Ogden Nash en un largo verso sobre la diferencia entre los arrepentimientos por comisión y los arrepentimientos por omisión:

> El pecado de omisión, el segundo tipo de pecado,
> pone huevos bajo tu piel.[6]

Las consecuencias de las acciones son específicas, concretas y limitadas. Las de la inacción son generales, abstractas e imprecisas. Al poner huevos bajo nuestra piel, las inacciones incuban un sinfín de especulaciones.

Tal vez eso explique la omnipresencia de los arrepentimientos de audacia en el ámbito amoroso. Habida cuenta de los cientos de entradas a este respecto, bien podría crear mi propia aplicación Tinder para arrepentidos. Este irlandés de treinta y siete años es uno de ellos:

> Conocí a la mujer más increíble del mundo en la universidad, pero nunca encontré el valor suficiente para invitarla a salir.

O esta mujer de Oklahoma de sesenta y un años, que decía arrepentirse de:

No llamar a una persona de la que llevo enamorada cuarenta y cinco años.

O éste, de un hombre de sesenta y cinco años que se lamentaba:

No haberla invitado nunca a salir. Me habría cambiado la vida.

Los arrepentimientos de audacia perduran porque las posibilidades contrafácticas son muy amplias. ¿Qué habría pasado si aquella tarde de diciembre Bruce hubiera bajado del tren con Sandra? Tal vez habrían tenido un breve romance. O quizá una edad adulta vivida en Europa en lugar de en el noroeste del Pacífico, donde acabó. O incluso una prole de hijos belga-estadounidenses cansados de escuchar la ñoña historia del encuentro fortuito de sus padres.

En el corazón de todos los arrepentimientos de audacia está la posibilidad frustrada de crecer. El fracaso de no convertirnos en la persona —más feliz, más valiente, más desenvuelta— que podríamos haber sido. El fracaso en la consecución de algunos objetivos importantes en el limitado lapso de una sola vida.

El mundo laboral, en el que la mayoría estamos más de la mitad de nuestras horas de vigilia, es un terreno especialmente fértil para este tipo de arrepentimientos. Una mujer sudafricana de treinta y tres años hablaba por boca de muchos cuando escribió:

Me arrepiento de no haber tenido el valor de ser más audaz al principio de mi carrera profesional y de haber dado excesiva importancia a lo que los demás pensaran de mí.

Zach Hasselbarth, una de las personas que se arrepintió de su timidez juvenil, recuerda haber crecido en Albany, capital de Nueva York. «En Albany, consigues un trabajo. Vas a trabajar para el estado de Nueva York. Al cabo de veinte años, te jubilas. Cobras una pensión y luego te mueres», me dijo. Siempre ha sido fácil refugiarse en la comodidad; lo que cuesta es pedalear rumbo a la incertidumbre. El padre de Zach tampoco corría riesgos. Sin embargo, aconsejó a su hijo que se atuviera a lo que él le decía en lugar de a lo que hacía. Y lo que le recomendó fue lo siguiente: «No vayas a lo seguro».

Muchos de quienes han apostado por la seguridad en su carrera profesional miran sus elecciones desde la perspectiva de la mediana edad y desearían no haberlo hecho. Un hombre de cincuenta y seis años de Pensilvania se arrepiente de «haber seguido en la empresa, cuando hace más de catorce años que sé que nunca llegará a gustarme», o un hombre de cincuenta y tres años de Gran Bretaña se arrepiente de «no haber dejado antes mi trabajo seguro para seguir mi instinto y ser fiel a mis valores». Una mujer de cincuenta y cuatro años de Oregón se arrepiente de «no haber sido más audaz a los treinta y muchos y haber aceptado un trabajo en otra zona». Luego reduce su arrepentimiento a una palabra: *acomodarse*.

Un arrepentimiento de audacia muy común es no emprender un negocio propio. Tras años trabajando para una gran empresa farmacéutica, Nicole Serena creó una empresa de consultoría y formación cerca de Toronto. Su arrepentimiento no fue otro que el de no haberlo hecho antes.

«Debería haber tomado medidas más valientes en mi carrera —dijo un emprendedor californiano—. Al final lo hice, pero perdí mucho tiempo escuchando a los expertos.»

Algunos encuestados que lanzaron negocios que acabaron cerrando expresaron su pesar por haber asumido demasiados riesgos. Fracasaron, dijeron, porque no eran lo suficientemente inteligentes o hábiles o por no haber valorado las exigencias del emprendimiento. No obstante, estas personas representaban una clara minoría comparadas con los que se arrepintieron de no haber dado el salto. Muchos esperaban volver a intentarlo. Por ejemplo, en los albores de internet de 1997, Doug Launders creó una empresa de formación web en el centro de Florida. La empresa «sobrevivió algunos años y luego fracasó», me dijo.

Me caí del caballo y decidí que montar no era lo mío. Me tiré los siguientes veinte años manejando el arado tras los caballos de otras personas. Me arrepiento de no haber vuelto a montar. A los cincuenta y siete, sigo tratando de averiguar cómo hacerlo.

Para algunas personas, el crecimiento no experimentado por no asumir riesgos es profesional. Para muchas otras, sin embargo, es personal. Muchos arrepentimientos de audacia reflejan un deseo de crecer no por razones instrumentales, sino por el valor inherente del crecimiento mismo. Por ejemplo, cientos de personas que participaron en la encuesta y que rechazaron oportunidades anteriores de viajar mencionaron esa decisión como su principal arrepentimiento. Si mi aplicación de citas basadas en el arrepentimiento fracasara, también podría lanzar un sitio de Expedia para arrepentidos que incluyera paquetes de viaje para las legiones de graduados universitarios encuestados que lamentaron no haber estudiado en el extranjero.

«De lo que más me arrepiento en la vida no es de las cosas malas o estúpidas que he hecho, sino de lo que no he hecho», dijo Gemma de West Adelaida, Australia.

(Mi) mayor arrepentimiento es no haber ido de mochilera por Europa a los dieciocho años. Mi mejor amigo lo hizo con otra persona. Es un importante rito de iniciación para los australianos y yo no lo hice por miedo.

Una mujer de cuarenta y siete años de Utah dijo:

Lamento no haber viajado más de joven, antes de tener una hipoteca, un hijo, un «trabajo de verdad» y todas las responsabilidades de una persona adulta. Ahora no siento que tenga la libertad para hacerlo.

Un hombre de cuarenta y ocho años de Ohio:

Me arrepiento de no haber sido más aventurero, de tomarme tiempo para viajar, explorar y experimentar más de lo que el mundo puede ofrecer. Me dejé dominar por el miedo a decepcionar a los demás y permití que sus expectativas fueran más importantes que las mías.

Siempre he sido el «buen soldado» y he trabajado duro para agradar a quienes me rodean. Tengo una buena vida, pero desearía haber tenido más experiencias que compartir. Algún día...

Los arrepentimientos de audacia, como el anterior del hombre de Ohio, a menudo tienen que ver con la exploración. Y, según los encuestados, la exploración más significativa es hacia adentro. La autenticidad requiere audacia. Cuando la autenticidad se frustra, también lo hace el crecimiento. La demostración más reveladora de este punto partía de varias docenas de personas que describieron su arrepentimiento —su falta de audacia— con las mismas cinco palabras: «No ser fiel a mí mismo».

Las personas que hicieron valer su identidad rara vez se arrepentían, incluso cuando esas identidades van en contra de la cultura dominante. Quienes suprimían sus identidades hablaban de negarse a sí mismas el potencial de vivir con plenitud.

Tomemos como ejemplo a este californiano de cincuenta y tres años:

Me arrepiento de no haber salido antes del armario. Sin duda, eso influyó en mi forma de presentarme, en mi rendimiento y en la relación con mis compañeros.

O una mujer de Massachusetts de cincuenta años:

Como mujer perteneciente a una minoría inmigrante, me arrepiento de no haberme manifestado ni educado a otros cuando me ridiculizaban por mi acento, mi color de piel y mi cultura.

O esta entrada de una neoyorquina de treinta y seis años:

Me arrepiento de no haber salido del armario como lesbiana ante mis padres a una edad temprana. Pasé muchos años fingiendo que era heterosexual y (nunca) he sido capaz de decirle al mundo que amo a una mujer.

A veces, el acto supremo de audacia implica el riesgo de utilizar la propia voz de maneras que, si bien pueden molestar, despejan un nuevo camino para uno mismo.

Trenes, aviones y autorrealización

Bruce nunca tiró la carta de Sandra. Lo intentó. Incluso creyó haberlo hecho. Pero después de nuestras conversaciones, empezó a rebuscar en cajas viejas y la encontró entre un montón de papeles. No la había visto en cuarenta años. «La letra de Sandra resonó en mi memoria», me dijo. Su letra en forma de bucle «me resultaba familiar por los juegos de palabras que hacíamos sobre el papel». Incluso escaneó la carta y me envió una copia por correo electrónico.

Sin embargo, no se la enseñó a su mujer. Bruce lleva casado desde mediados de los años ochenta y tiene dos hijos adultos. Nunca le ha contado a su esposa la historia del tren, ni le ha mencionado a aquella mujer ni la carta. No es que crea que ella lo considerase traición. Tiene más que ver con lo que una conversación de ese tipo podría revelar.

—No me atrevería a decir que me arrepiento de mi matrimonio, pero también ha sido difícil —dijo—. Son muchas las razones para seguir casado. Y una de ellas es que en la boda dices que lo harás.

—¿Piensas alguna vez en lo que habría pasado de haberte apeado en la estación de Bélgica? —le pregunté.

—Sí, claro, pero tampoco me permito pensar demasiado en ello porque eso crearía un nuevo arrepentimiento. No quiero que sea la base de una gigantesca infraestructura de arrepentimiento —bromeó.

Con todo, tras volver a leer la carta, publicó un mensaje en la sección de contactos perdidos de Craigslist París, con la remota esperanza de localizar a Sandra. Es una bengala solitaria en cuarenta años de oscuridad, un intento desesperado y tal vez definitivo de responder al «¿Y si...?».

En caso de encontrarla —con los dos jóvenes pasajeros ahora en la sesentena—, Bruce no volvería a cometer el mismo error. Aprovecharía la oportunidad de pasar tiempo con ella, independientemente de lo que ocurriera después.

Todos los arrepentimientos de estructura profunda revelan una necesidad y ofrecen una lección. Por lo que respecta a arrepentimientos de audacia, la necesidad humana es el crecimiento para expandirnos, para disfrutar de la riqueza del mundo, para experimentar algo más que una vida ordinaria.

La lección está clara: habla. Invítale a salir. Emprende ese viaje. Inicia ese negocio. Bájate del tren.

«Me arrepiento de no haberme enfrentado a Ray en el verano de 1991. Me alejé y siempre he lamentado no haberme defendido.»

Hombre, cuarenta y cuatro años, Nebraska

//

«Me arrepiento de haber abortado. Era joven, estaba en la universidad y tenía miedo, pero ese hecho me ha perseguido desde entonces.»

Mujer, treinta y cuatro años, Indiana

//

«Haber tardado tanto en decir que soy lesbiana.»

Mujer, treinta y dos años, Brasil

9

Arrepentimientos morales

Kaylyn Viaggiano llevaba casada sólo un año cuando un hombre con quien ella y su marido Steven habían entablado una amistad se presentó en su apartamento. En aquel momento, Kaylyn tenía veintiún años. Ella y Steven se habían conocido en el instituto y habían crecido juntos en los alrededores de Chicago, en un estrecho grupo de amigos y familiares. Ahora vivían en el sur de California, a dos horas de la frontera con Arizona, donde Steven, marine estadounidense, estaba destinado. La vida no era fácil. Kaylyn había abandonado la escuela de enfermería cuando Steven empezó el campamento de entrenamiento, y lo siguió primero a Virginia y luego a esa parcela seca de desierto donde apenas conocía a nadie.

El amigo, marine también, se presentó en la casa sabiendo que Steven no estaba. Mintió a Kaylyn y le dijo que Steven había estado contando a sus compañeros que ya no la amaba y que iba a dejarla. Ella —joven, solitaria, vulnerable— le creyó. Tomaron unas copas y, luego, unas cuantas más. Y eso nos lleva a la entrada que Kaylyn escribió en la World Regret Survey dos años más tarde:

> Me arrepiento de haber sido infiel a mi marido. Ese momento de debilidad no compensa el dolor posterior.

Joel Klemick llevaba casado once años cuando, una noche de octubre, su mujer, Krista, recibió una llamada anónima. Joel, que por aquel entonces tenía treinta y cinco años, y Krista, de treinta y dos, vivían en una ciudad mediana situada en el centro de Canadá, donde ambos se habían criado y habían tenido a sus tres hijos. Tras acabar el instituto, Joel trabajó como instalador de suelos, pero su trayectoria profesional cambió al poco de casarse, después de que la pareja descubriera la iglesia local de la Alianza Cristiana y Misionera. Joel había entrado en el seminario y estudiaba Teología. También ayudaba en la iglesia como pastor asociado.

La persona que llamó esa noche le contó a Krista —con todo lujo de detalles— que Joel había estado viéndose con otra mujer. Ella acusó a Joel. Él lo negó. Ella presionó. Él lo volvió a negar. Ella lo increpó de nuevo y, finalmente, él confesó. Krista le pidió que se fuera de casa. La iglesia pronto se enteró del pecado de Joel y la junta directiva lo despidió. Así describió Joel el que considera su mayor arrepentimiento:

> Inicié una relación extramatrimonial que me costó mi integridad, mi trabajo y mis amistades y que a punto estuvo de costarme mi familia, mi título de máster y mi fe.

****

Los arrepentimientos morales constituyen la más pequeña de las cuatro categorías que conforman la estructura profunda del arrepentimiento, pues representan únicamente el 10 por ciento del conjunto. Sin embargo, para muchos, son los que más duelen y los que más duran. También son más complejos que otros arrepentimientos fundamentales. Casi todo el mundo está de acuerdo en que construir una base sólida para la vida (trabajar duro en el colegio, por ejemplo, o ahorrar) es buena idea. Muchos estamos de acuerdo en lo que constituye la «audacia»: lanzar un negocio en lugar de acomodarse en un trabajo mediocre, viajar por el mundo en vez de holgazanear en el sofá. Pero tú y yo, así como nuestros casi ocho mil millones de congéneres, no compartimos una única definición de lo que significa ser *moral*.

El resultado es que los arrepentimientos morales comparten una estructura básica con sus homólogos: comienzan en la intersección de dos caminos. Pero implican un conjunto de valores más amplio. Por ejemplo, podemos encontrarnos con la opción de tratar a alguien con cuidado o de hacerle daño. O tal vez la elección sea seguir las reglas o ignorarlas. A veces nos enfrentamos a la opción de seguir siendo leales a un grupo o traicionarlo; de respetar a ciertas personas e instituciones o desobedecerlas; de preservar lo sagrado o profanarlo.

Sin embargo, no importan los detalles; en el momento crucial, elegimos lo que nuestra conciencia dice que es el camino erróneo. Herimos a los demás. Engañamos, conspiramos o violamos los principios básicos de la justicia. Rompemos nuestros votos. Faltamos al respeto a la autoridad. Degradamos lo que debe ser reverenciado. Y, aunque en un primer momento la decisión puede parecer buena —estimulante incluso—, con el tiempo, nos corroe.

Los arrepentimientos morales suenan así: «Si sólo hubiera hecho lo correcto».

Significado de *moralidad*

Seguro que alguna vez has leído un libro que ha cambiado radicalmente tu forma de ver el mundo. Para mí, uno es *La mente de los justos: por qué la política y la religión dividen a la gente sensata*, escrito por Jonathan Haidt y publicado en 2012.[1] Haidt es un psicólogo social que ahora trabaja en la Universidad de Nueva York. Dedicó los primeros años de su carrera académica al estudio de la psicología moral. En el libro explica su investigación y la de otros colegas suyos sobre cómo las personas determinan qué acciones son correctas y cuáles no.

La mente de los justos me llevó a otros estudios de Haidt que cambiaron mi forma de pensar en dos dimensiones clave.

En primer lugar, durante mucho tiempo creí que, cuando nos enfrentamos a cuestiones de peso moral (¿Está justificada la pena de muerte? ¿La eutanasia debería ser legal?), razonamos los problemas que éstas suscitan para llegar a una conclusión. Abordamos estas preguntas como un juez que evalúa argumentos contrapuestos, reflexiona sobre ambas posturas y emite una decisión razonada. Sin embargo, según la investigación de Haidt, no es exactamente así. En cambio, cuando consideramos lo moral, tenemos una respuesta emocional instantánea, visceral, sobre el bien y el mal, y usamos este saber para justificar la intuición.[2] La mente racional no es, como pensaba, un jurista de toga negra que se pronuncia de forma imparcial. Es el secretario de prensa de nuestras intuiciones. Su trabajo es defender al jefe.

La segunda dimensión en la que remodeló mi perspectiva es relevante para este libro. La moral, muestra Haidt, es más amplia y variada de lo que muchos occidentales seculares y de centro-izquierda suelen entender. Supongamos que pregunto —como escribieron en un artículo Haidt, Jesse Graham, de la Universidad del Sur de California, y Brian Nosek, de la Universidad de Virginia—[3] si está mal «clavar un alfiler en la palma de un niño que no conoces». Todos nosotros —liberales, conservadores, de centro— diríamos que sí. ¿Cómo podría nadie aprobar el daño a un niño inocente? Del mismo modo, si preguntara sobre la moralidad de robar el dinero de una caja registradora cuando el empleado no mira, casi todo el mundo convendría en que eso también está mal. Cuando se trata de dañar a otros sin motivo o de mentir, engañar y robar, personas de todos los orígenes y creencias suelen coincidir en lo que es moral.

Pero para los conservadores políticos, por no hablar de personas de fuera de Norteamérica y Europa, la moral va más allá de las virtudes del cuidado y la justicia. Por ejemplo, ¿está mal que los niños contesten a sus padres?, ¿llamar a los adultos por su nombre de pila?, ¿está mal que un estadounidense renuncie a su ciudadanía y deserte a Cuba?, ¿está mal tirar la Biblia o el Corán a la basura?, ¿está mal que una mujer aborte, que un hombre se case con otro hombre o que personas de cualquier sexo se casen con múltiples cónyuges? Obtendrás diferentes respuestas en una iglesia bautista y en una unitaria, en Blount Country, Alabama, y en Berkeley, California. Y eso no se debe a que un grupo sea virtuoso y el otro malvado, sino a que un grupo tiene una visión más estrecha de la moralidad (no dañar o engañar a los demás) y el otro la tiene más amplia (no dañar o engañar a los demás, pero ser leal a tu grupo, respetar a la autoridad y defender lo sagrado).

Haidt y sus colegas llaman a esta idea «teoría de los fundamentos morales».[4] A partir de la biología evolutiva, la psicología cultural y varios campos, demuestran que las creencias sobre la moralidad se apoyan en cinco pilares:

- **Cuidado/daño.** Los niños son más vulnerables que las crías de otros animales, de ahí que los seres humanos dediquen mucho tiempo y esfuerzo a protegerlos. Consiguientemente, la evolución nos ha inculcado la ética del cuidado. Quienes cuidan y defienden a los vulnerables son buenos; quienes les hacen daño, crueles.
- **Equidad/engaño.** Nuestro éxito como especie ha dependido siempre de la cooperación, incluidos los intercambios que los científicos evolutivos denominan «altruismo recíproco». Eso significa que valoramos a aquellos en quienes podemos confiar y despreciamos a aquellos que traicionan nuestra confianza.
- **Lealtad/deslealtad.** La supervivencia depende no sólo de nuestras acciones individuales, sino también de la cohesión de nuestro grupo. Por eso, ser fiel a tu equipo, secta o nación se respeta, y abandonar tu tribu suele ser despreciable.
- **Autoridad/subversión.** Entre los primates, las jerarquías nutren a sus miembros y los protegen de los agresores. Quienes socavan la jerarquía pueden poner en peligro a todos los miembros del grupo. Cuando este impulso evolutivo se extiende a la moralidad humana, rasgos como el respeto y la obediencia a la autoridad se convierten en virtudes.[5]

- **Pureza/profanación.** Nuestros ancestros tuvieron que enfrentarse a todo tipo de patógenos —desde la *Mycobacterium tuberculosis* hasta la *Mycobacterium leprae*—, por lo que sus descendientes desarrollaron la capacidad de evitarlos junto con lo que se conoce como «un sistema inmunológico conductual» para protegerse frente a un conjunto más amplio de impurezas, como las violaciones de la castidad. En el ámbito moral, escribe un grupo de académicos, «las preocupaciones de pureza predicen de manera única (más allá de otros fundamentos y datos demográficos como la ideología política) actitudes de guerra cultural sobre el matrimonio homosexual, la eutanasia, el aborto y la pornografía».[6]

La teoría de los fundamentos morales no dice que el cuidado sea más importante que la pureza, que la autoridad importe más que la equidad o que se deba seguir un conjunto de fundamentos en lugar de otro. Simplemente cataloga cómo los seres humanos evalúan la moralidad del comportamiento. La teoría es descriptiva, no prescriptiva. Sin embargo, su poder descriptivo es notable. No sólo reconfiguró mi compresión tanto del razonamiento humano como de la política moderna, sino que también me ofreció una forma refinada de interpretar nuestros arrepentimientos morales.

Los cinco pecados que más lamentamos

Engaño. Infidelidad. Robo. Traición. Sacrilegio. A veces los arrepentimientos morales que la gente enviaba a las encuestas parecían las notas de producción de un vídeo de formación sobre *Los diez mandamientos*. Sin embargo, la amplia variedad de arrepentimientos que la gente contó aumenta cuando se contempla a través de los cinco marcos morales que acabo de describir. Dos de los marcos englobaban la mayoría de los arrepentimientos, pero dos de los otros tres también estaban bien representados.

1. Daño

En la década de 1920, los sociólogos Robert Lynd y Helen Lynd se embarcaron en el proyecto a largo plazo de descubrir el alma de la clase media estadounidense para su clásico libro *Middletown*. Para ello, decidieron instalarse en Muncie, Indiana.[7] Era —y en cierto modo lo sigue siendo— la quintaesencia de la pequeña ciudad estadounidense. Y en ella Steve Robinson vivió lo que suele ser la quintaesencia de la infancia estadounidense: el acoso escolar.

Steve se mudó a Muncie en octavo. Era un niño menudo, introvertido y socialmente torpe. Sin embargo, compensó esas aparentes carencias convirtiéndose en una amenaza. Se burlaba de sus compañeros de clase. Se peleaba. A los dieciséis años, dio un puñetazo a un compañero y le rompió dos dientes.

Ahora, a los cuarenta y tres, estas agresiones gratuitas son lo que Steve más lamenta: «Personas de todas las tendencias políticas están de acuerdo: herir a alguien que no nos está provocando está mal. No es de extrañar, por ende, que tanto en el American Regret Project como en la World Regret Survey, la gente declarara más arrepentimientos morales relacionados con el daño que de cualquier otro tipo. Y el más común era el acoso. Incluso décadas después, cientos de encuestados lamentaron haber maltratado a sus compañeros».

Por ejemplo, un neoyorquino de cincuenta y dos años admitió:

En séptimo intimidé a un chico nuevo. Era de Vietnam y apenas hablaba inglés. ¡Horrible!

Una mujer de cuarenta y tres años de Tennessee dijo:

Me burlé de un niño en secundaria. Lo apodé Ziggy[8] porque tenía el cuerpo corto y rechoncho y el pelo rubio de punta. Nunca olvidaré la cara que puso al darse cuenta de que acabaría quedándose con el mote. Fue cruel adoptar una posición de «poder» después de haber sufrido años de acoso, pero me arrepentí enseguida y nunca he vuelto a hacer nada parecido.

Steve me dijo que, en los momentos previos al acoso, «sabía que no debía hacerlo». Sin embargo, lo hacía. Disfrutó de la atención, de la sensación de poder, pero sabía que no debía hacerlo. De hecho, él mismo había sido acosado, tanto en casa como en el colegio. «Lo que más lamento es haber estado a ambos lados, saber lo que se siente y, aun así, habérselo hecho a un tercero», me dijo.

A diferencia de los arrepentimientos de audacia, los morales son más propensos a implicar acciones que inacciones. Sin embargo, para algunas personas, incluida Kim Carrington, el hecho de ser testigo del acoso escolar bastó para desencadenar el arrepentimiento.

A los ocho años, Kim tomaba a diario el autobús escolar desde su pequeño pueblo en las colinas de hierro Mesabi de Minnesota hasta una ciudad donde estaba la escuela primaria. A diario, el autobús recogía a otra niña que vivía en una granja de una zona más lejana. Cuando ella subía, todos se tapaban la nariz, como si oliera mal, la insultaban y no dejaban que se sentase a su lado.

Un día Kim dejó sitio a la niña acosada. Las dos charlaron durante todo el trayecto, pero, debido a esa amabilidad, Kim comenzó a ser acosada. Al día siguiente, cuando la niña subió al autobús, Kim no la dejó sentarse con ella.

«Perdí mi integridad. Ese episodio me persigue todas las noches y aún me hace llorar», dijo Kim, que ahora tiene cincuenta años y vive en Kansas City. La otra niña pronto dejó de ir en autobús. «Me arrepiento de no haberme hecho su amiga. No la defendí. No me porté bien y nunca tuve la oportunidad de arreglarlo.»

En esta subcategoría, los arrepentimientos no se limitan a la malicia infantil. La gente reconoce haber insultado a compañeros de trabajo, haber hecho *ghosting* a potenciales parejas y haber amenazado a sus vecinos. La mayoría de las agresiones se produjeron con palabras, aunque algunas fueron con los puños. Pese a la infinidad de asociaciones contra el *bullying* de Estados Unidos, estos remordimientos son internacionales.

Un hombre de cincuenta y tres años de Reino Unido afirma:

Agredí físicamente a un hombre a los dieciocho años. Me he pasado los siguientes treinta y cinco escondiéndome de la vida a diario. Soy un cobarde.

Un hombre de cincuenta y siete años de Sudáfrica dice:

Me arrepiento de haberle dicho a una mujer que la dejaba porque estaba gorda. Treinta años después, sigo despertándome en mitad de la noche por el daño que le hice.

Hacer daño a otros es tan malo que muchas personas canalizan el arrepentimiento hacia un comportamiento futuro más respetable. «Miras a tu yo anterior y te avergüenza —me dijo Steve—. Como adulto, he tratado de ser mejor persona.» Tras graduarse en el instituto, se licenció en Psicología, Enfermería y Criminología. Ha trabajado como enfermero pediátrico y como orientador de niños delincuentes. «Me ha ido mal con la gente en el pasado y ahora quiero hacerlo bien —me explicó—. Una parte de mí se enorgullece de intentar que la gente se sienta segura en estos tiempos.»

2. Engaño

Kaylyn y Joel, cuyas historias han abierto este capítulo, no fueron los únicos cónyuges infieles que arrojó la World Regret Survey. Los remordimientos por haber hecho daño a otros, sobre todo a través del acoso escolar, fueron los más generalizados. Pero los remordimientos por haber sido infieles, especialmente en el matrimonio, quedaron en un estrecho segundo puesto. En esto también coinciden muchas personas de la mayoría de las culturas: debemos decir la verdad, cumplir nuestras promesas y respetar las reglas.

En algunos casos, la gente confesó haber engañado a otros con objetos, desde un joven de dieciséis años de California que se arrepentía de haber «robado dinero de una caja registradora» hasta un rumano de cincuenta y un años que escribió: «Me avergüenzo de haber robado una armónica a uno de mis compañeros del ejército».

Los arrepentimientos por deshonestidad académica, aunque no de forma generalizada, también abarcaban un amplio abanico de edades: desde la mujer de veintidós años de Virginia que escribió «Me arrepiento de haber hecho trampas en el colegio», hasta el hombre de sesenta y dos años de Nueva Jersey que escribió «Me arrepiento de haber ayudado a un compañero a copiar en un examen de cálculo en mi primer año. Aún no he encontrado la manera de resolver aquello».

Sin embargo, la infidelidad conyugal encabezaba la lista con arrepentimientos que provienen de seis continentes y docenas de países.

Una mujer de cincuenta años:

Tuve una aventura. Fue el peor error de mi vida. Ahora tengo que vivir con lo horrible que fui con mi marido. En lugar de ser auténtica y decirle lo infeliz que me sentía, decidí hacer algo tan increíblemente estúpido que no sé si podré perdonármelo jamás.

Y un hombre de cincuenta años:

Me arrepiento de haber perdido la confianza en mí mismo y de haber engañado a mi mujer. Es algo que sigo lamentando a diario.

Una mujer de cincuenta y cinco años:

Engañé a mi marido. Era un hombre increíblemente adorable que amaba a su familia. Sigo sin saber por qué lo hice. Le amaba. Era una joven mamá de cuatro hijos. Éramos una familia unida, nos divertíamos, compartíamos tiempo, no teníamos preocupaciones, pero lo hice.

El daño y el engaño se superponen. La infidelidad hiere al cónyuge traicionado. Pero lo que más parecen lamentar los encuestados, más allá del dolor infligido, es la confianza que destrozaron. «Hicimos votos. Le traicioné», me dijo Kaylyn. «Me cargué los votos que hice a mi mujer —dijo Joel—. Mi integridad voló por la ventana.»

Jocelyn Upshaw, que trabaja en la Universidad de Texas (y que me pidió que usara un pseudónimo en vez de su nombre real), tuvo una aventura de nueve meses con un compañero de trabajo en un momento en que su matrimonio parecía muerto. Al final se lo contó a su marido. Fueron juntos a terapia. El matrimonio sobrevivió. Pero la traición sigue atormentándola.

«Mi marido y yo contrajimos este compromiso. No cumplí con mi parte del trato. Mi marido confió en mí y lo defraudé —me dijo—. Mentir y engañar ocupan un lugar bastante alto en la lista de "no hagas eso" si quieres ser buena persona.»

A raíz de sus acciones, Kaylyn, Joel y Jocelyn se esforzaron por hacer las cosas, si no del todo bien, por lo menos mejor. Kaylyn confesó su error a la mañana siguiente de haberlo cometido. «Nunca he sido capaz de robar nada. Nunca he copiado en un examen. Cuando esto sucedió, no pude callármelo», me dijo. Su marido mantuvo la calma y, juntos, reconstruyeron la confianza. «Es el mejor hombre del mundo», dice Kaylyn.

El camino de Joel fue más pedregoso. Posteriormente, tuvo un hijo con la otra mujer. Pero admite que nunca podrá sacudirse «el peso de la responsabilidad ante un Dios que dice "No cometerás adulterio"». Él y su mujer se reconciliaron. Se mudaron y empezaron a trabajar en una iglesia de otra ciudad de Canadá. «Saber que traicioné a mi mujer es una de las peores cosas que pueda contar —me dijo—. Ahora entiendo mucho mejor lo que es la confianza, pues he experimentado lo que es no ser digno de ella.»

Jocelyn, que no es religiosa, dice que arrepentirse ha hecho de ella una persona más empática. «Antes de esto, siempre me consideré una persona recta. Era una buena chica. Jamás habría hecho daño a nadie. Entonces lo hice realmente mal. Eso me hizo ser consciente de que la gente comete errores.» Me cuenta que, de joven, dividía el mundo entre buenos y malos. «Me ha costado mucho darme cuenta de que eso no es así.»

3. Deslealtad

En 1981, Charlie McCullough se licenció en Ingeniería Mecánica por la Universidad de Maryland. Después, pensó en alistarse en las fuerzas armadas. Admiraba la dedicación que requería el ejército y la camaradería que fomentaba. Sin embargo, comenzaron a lloverle ofertas de trabajo más lucrativas y eligió el sector privado. «Los que sirven, especialmente en el ejército, aman a nuestro país —me dijo—. Siento no haber formado parte de eso».

La lealtad a un grupo es un valor moral fundamental. Se expresa con mayor entusiasmo en unas culturas políticas y nacionales que en otras. Y tal vez a eso se deba que los arrepentimientos respecto de este principio moral no fueran tan numerosos como los relacionados con el daño y el engaño.

Es más, los arrepentimientos expresados por la gente no se referían tanto a la renuncia al grupo como al incumplimiento de las obligaciones para con él. Por ejemplo, entre los encuestados de Estados Unidos, país que puso fin al servicio militar obligatorio en 1973 y que no exige el servicio nacional a sus ciudadanos, un gran número de personas ofrecieron reflexiones similares a las de Charlie.

Una mujer de cuarenta y cuatro años de Míchigan contó que su mayor arrepentimiento fue el siguiente:

No unirme al ejército y entrar en las fuerzas aéreas.

Un hombre de New Hampshire de cincuenta y ocho años lamentaba:

No haber servido a mi país alistándome en el ejército antes o después de la universidad. Soy el único de mi familia que no lo ha hecho y, al mirar atrás, desearía haberlo hecho.

Una mujer de cincuenta y tres años de Wisconsin:

> Me arrepiento de no haberme alistado en el ejército... El servicio al
> país, no importa dónde o cuál sea el rol —AmeriCorps, Cuerpo de Paz,
> etcétera—, es muy valioso.

Como escribe Haidt en *La mente de los justos*, el principio moral de la lealtad ayuda a los grupos a consolidar sus vínculos y a
formar coaliciones. Manifiesta «quién es un jugador de equipo y
quién un traidor, particularmente cuando tu equipo se enfrenta a
otros equipos».[9]

Para mi leve decepción, las encuestas no desenterraron ni a un
sólo Benedict Arnold o Judas Iscariote de nuestros días. Charlie
terminó trabajando para un gran contratista de defensa que equi-
pa a las fuerzas armadas. No obstante, el hecho de estar junto a los
militares no le bastaba. Lamenta no haber tenido «la experiencia
de la dificultad y el sacrificio», de depender de los demás para sobrevivir y de que ellos dependan de él. «Si sirves a alguien, no estás
sirviéndote a ti mismo —me dijo—. El sacrificio es bueno para el
otro, pero también para el alma.»

4. Subversión

Los arrepentimientos morales más escasos tenían que ver con el
principio de autoridad/subversión. Varias personas se arrepintieron de haber «deshonrado a mis padres» y de haber «faltado
al respeto a mis profesores», como el joven indio de veinticuatro
años que relató la siguiente historia:

> Mi padre y yo tenemos una tienda. Un profesor que me dio clase en el
> colegio entra a hacer la compra. Mi profesor nos conoce, pero mi pa-
> dre no lo conoce a él. Hacemos un pequeño descuento a todo el que
> lleve tiempo con nosotros y mi profesor es uno de ellos. Pensé que mi
> padre lo conocía, así que no le dije que era mi profesor. El señor pagó
> el monto total sin darle mayor importancia. Pero, una vez que se mar-

chó, mi padre me dijo que le tendría que haber dicho que era mi profesor. Fue una vergüenza y una falta de respeto no haberle hecho el descuento para mostrar algo de consideración y gratitud. Lamento ese incidente cada vez que recuerdo la historia.

Sin embargo, estas entradas no abundan. Una de las razones de la escasez de este tipo de arrepentimientos morales es que la parte cuantitativa de mi encuesta sólo comprendía a estadounidenses y la cualitativa incluía a más encuestados de Estados Unidos que de cualquier otro país. De haber tomado muestras más amplias en países y regiones donde el valor cultural del respeto suele ser más prominentes, este tipo de arrepentimiento habría sido más común.

5. Profanación

Los arrepentimientos por violar la santidad eran más numerosos que por subvertir la autoridad. Fueron emocionalmente intensos cuando se centraban en uno de los temas más controvertidos de los últimos sesenta años: el aborto.

Los estadounidenses comparten un amplio consenso sobre la legalidad del aborto, pero están divididos sobre su moralidad. Según Gallup, cerca de tres cuartas partes de los habitantes de Estados Unidos creen que el aborto debería ser legal en determinadas circunstancias. El 47 por ciento cree que es «moralmente incorrecto», mientras que el 44 por ciento lo considera «moralmente aceptable».[10] Esa división quedó clara en mi investigación.

Los remordimientos por abortar no eran tan generalizados como los originados por el acoso escolar y la infidelidad, pero eran frecuentes. Una mujer de cincuenta años de Arkansas dijo:

Aborté a los veinte años. Es de lo que más me arrepiento en toda mi vida. Mi segundo mayor arrepentimiento es de otro aborto que tuve a los veinticinco años.

Estos arrepentimientos se debían en parte al daño, pero eran más que eso: respondían a la creencia de que las acciones equivalían a una degradación de la santidad de la vida.

Por ejemplo, una mujer de sesenta años de Pensilvania escribió:

Me arrepiento de haber abortado al que hoy sería nuestro tercer hijo. Llevo treinta y cuatro años casada. El embarazo del segundo no fue fácil. Mi marido no quería que pasara otro embarazo sólo un año después del nacimiento de nuestro segundo hijo. Creo que sus pensamientos también tenían que ver con la carga financiera del tercero... Lloré durante todo el viaje a la clínica y desde entonces lo he lamentado a diario... La carga de poner fin a una vida, una vida creada con amor, me pesa a cada instante desde entonces.

Una mujer de cincuenta y ocho años de Puerto Rico lamentaba:

Haber abortado. Tener que decirle «Lo siento» cuando me encuentre con él/ella en el cielo.

Hace más de cien años, el sociólogo francés Émile Durkheim escribió que la característica que define el pensamiento religioso —y, en mi opinión, muchos otros sistemas de creencias— es «la división del mundo en dos dominios: uno que contiene todo lo sagrado y otro que incluye todo lo profano».[11] No siempre estamos de acuerdo respecto a los límites de dichos dominios. Pero, cuando traicionamos lo que creemos sagrado por lo que consideramos profano, el arrepentimiento es la consecuencia natural de ello.

Los arrepentimientos morales forman parte de una categoría peculiar. Son los más escasos en número, pero los más variados. Y los más dolorosos a nivel individual. Pero también pueden ser los más edificantes como colectivo. Hay algo alentador en el hecho de que mujeres y hombres adultos se despierten desesperados en mitad de la noche por incidentes acaecidos en su vida hace décadas en los que hirieron a otros, actuaron injustamente o comprometieron los valores de su comunidad. Sugiere que en algún lugar de nuestro ADN, enterrado en lo más profundo de nuestra alma, está el deseo de hacer el bien.

Todos los arrepentimientos de estructura profunda revelan una necesidad y ofrecen una lección. En el caso de los arrepentimientos morales, la necesidad es la bondad. La lección, que hemos escuchado en infinidad de textos religiosos, tratados de filosofía y amonestaciones de los padres, es la siguiente: «En caso de duda, haz lo correcto».

«喂养一只兔子，因为溺宠，放出铁笼子后，吃多兔粮包装袋的塑料而去世.»*

Mujer, treinta y ocho años, China

//

«La inacción. No invitar a salir a una chica, no empezar el negocio antes, no presentarme para hablar en una conferencia. Me arrepiento de la inacción más que de cualquier error que haya cometido.»

Hombre, cuarenta y tres años, Canadá

//

«No llevarle a mi abuela un caramelo en su lecho de muerte. Ella me lo pidió.»

Hombre, treinta y cinco años, Arkansas

* Mientras alimentaba y acariciaba a mi conejo, se me escapó de la jaula, comió un montón de plástico y murió.

10

Arrepentimientos de conexión

Para entender los arrepentimientos de conexión, deja que te cuente la historia de cuatro mujeres, dos relaciones de amistad y un par de puertas.

La primera mujer es Cheryl Johnson, oriunda de Des Moines, Iowa, residente en Minneapolis, Minnesota, y exdirectora de investigación en una editorial. Cheryl tiene poco más de cincuenta años. Se dedica a su marido, a ir al gimnasio y a sus últimos proyectos: la casa que está construyendo y el libro que está escribiendo.

A finales de los años ochenta, asistió a la Universidad de Drake, también en Des Moines, donde enseguida se hizo amiga de la segunda mujer de esta historia. Se llama Jen.

Cheryl y Jen pertenecían a la misma hermandad y vivían en una casa con otras cuarenta mujeres.[1] Ambas destacaban en el grupo por su seriedad y ambición. Cheryl se convirtió en presidenta de la hermandad; Jen fue elegida presidenta de todo el alumnado. «Nos tomábamos nuestros estudios universitarios un poco más en serio que las demás estudiantes y eso nos convirtió en bichos raros —me dijo Jen—. En parte, conectamos porque las dos nos sentíamos un poco marginadas.»

Hablaban a menudo. Se apoyaban en sus aspiraciones personales. Trazaron planes para conquistar el mundo.

Poco después de graduarse en 1990, Jen se casó —Cheryl fue su dama de honor— y se mudó a Virginia. Al poco tiempo, Jen invitó a Cheryl a conocer a un amigo de su marido con el que creía que podía hacer buena pareja.

Sorprendió a Cheryl. Llevaba dos años saliendo con otro estudiante de Drake. «Creía que era el definitivo.» Jen conocía al chico, pero, como dijo Cheryl, «salta a la vista que ella no creía que fuera el indicado». Declinó cortésmente la invitación. Sin dramas. Sin rencores.

Durante los años siguientes, Cheryl y Jen, que vivían en distintas partes del país en una época anterior al correo electrónico, intercambiaron cartas y tarjetas. Cheryl acabó dejando a su novio, al que hoy llama «Sr. Error», y añade: «Ahora que he madurado y me he convertido en la persona que soy, puedo ver lo que intuía Jen».

Al cabo de un par de años, las cartas entre ellas empezaron a ser cada vez más escasas. Luego dejaron de escribirse. Cheryl no habla con Jen desde hace veinticinco años. Desde el día de la boda, no se han vuelto a ver.

«No discutimos. Sólo dejé que se alejara —me dijo Cheryl—. Me arrepiento de no haber mantenido esa relación en mi vida. He echado de menos tener a otra persona con la que compartir el tipo de crecimiento que experimenté con ella durante años.»

La ausencia la inquieta. «Si sabes que vas a morir en un mes, hay cosas que te gustaría dejar atadas, ¿no? —me dijo Cheryl—. Me gustaría que supiera que (la amistad) es importante para mí, incluso veinticinco años después.»

Una tarde de primavera, durante una conversación por Zoom, pregunté a Cheryl si consideraba la posibilidad de reanudar la amistad o, cuando menos, de llamar, enviar un correo electrónico o escribir a Jen.

«Creo que la puerta está abierta —respondió—. Si no fuera tan cobarde, le tendería la mano.»

Los arrepentimientos de conexión forman la categoría más grande en la estructura profunda del arrepentimiento humano. Surgen de relaciones que se han deshecho o que han quedado incompletas. Los tipos de relaciones que producen estos arrepentimientos varían. Cónyuges. Parejas. Padres. Hijos. Hermanos. Amigos. Colegas. La naturaleza de la ruptura también es distinta. Unas relaciones se deshacen. Otras se rompen. Algunas estaban mal cosidas desde el principio.

No obstante, en todos los casos, estos arrepentimientos comparten una trama común. Una relación que estaba intacta, o que debía estarlo, ya no lo está. A veces, a menudo por una muerte, no hay nada que podamos hacer. Sin embargo, en muchas otras ocasiones, en múltiples roles —hija, tío, hermana de la hermandad—, anhelamos cerrar el círculo, pero eso requiere esfuerzo, conlleva incertidumbre emocional y el riesgo de ser rechazado. Así que nos enfrentamos a una disyuntiva: ¿completar la relación o dejar que siga sin resolverse?

Los arrepentimientos de conexión suenan así: «Si sólo hubiera tendido la mano».

Puertas cerradas y puertas abiertas

La tercera mujer de la historia es Amy Knobler. Vive en Pasadena, California, pero se crió en Cherry Hill, Nueva Jersey. En secundaria conoció a una chica a la que llamaré Deepa.

Deepa era una niña que, debido a los exigentes trabajos de sus padres, pasaba mucho tiempo sola. Como vivía a pocas manzanas del colegio, ella y Amy iban allí después de clase. Aquello forjó su amistad en la libertad de una casa vacía. Amy recuerda aquellas tardes como unos de los momentos más felices de su vida. «Era todo lo que una persona puede imaginar sobre la conexión con una amiga íntima», me dijo.

Amy y Deepa mantuvieron su amistad en el instituto y el contacto después de graduarse, cuando prosiguieron con sus estudios universitarios, sus carreras profesionales y sus respectivas familias. Deepa acudió a la boda de Amy en 1998. Las familias de las dos amigas estaban tan unidas que incluso los padres de Amy asistieron a la boda de Deepa en el año 2000. Como regalo, Amy le entregó un elaborado libro de cocina a mano que incluía sus recetas favoritas. «No hay mayor conexión que la que estableces en tu infancia, ¿sabes?», me dijo Amy.

En 2005, el marido de Deepa envió una nota a todas las personas que formaban parte de la vida de su mujer informándolas de que le habían diagnosticado un tipo agresivo de cáncer. Como sucede con muchas enfermedades, las noticias que siguieron oscilaron entre el miedo y la tranquilidad. Deepa entró en remisión. Tuvo un bebé. Pero, en el verano de 2008, el cáncer volvió a aparecer y sus perspectivas de futuro se ensombrecieron. Según las últimas informaciones en Facebook para amigos y familiares, por el momento su calidad de vida era buena, pero quizá le quedase un año de vida.

Amy quería llamar a su vieja amiga.

Amy aplazó la llamada a su vieja amiga.

Una noche de diciembre de 2008, Amy recibió un mensaje de un amigo común en el que se le informaba de que la salud de Deepa había empeorado.

Al día siguiente, Amy llamó a Nueva Jersey para hablar con ella. La persona que contestó le explicó que Deepa había muerto esa mañana.

«No olvidaré hasta qué punto en ese momento me di cuenta de la oportunidad que había perdido —dijo Amy—. No podía dejar de pensar: "¿Habrá muerto preguntándose por qué no la llamé?". No dejo de machacarme con ello. Nunca volveré a comportarme de ese modo.»

Las personas hablan a menudo de los arrepentimientos en clave de puertas. Amy tiene un arrepentimiento de «puerta cerrada». Como me dijo, la oportunidad de restablecer su conexión con Deepa ha desaparecido. Cheryl tiene un arrepentimiento de «puerta abierta». La oportunidad de reconectar con su amiga de la universidad sigue intacta.

Ambos remordimientos nos atormentan, pero por diferentes razones. Los de puerta cerrada nos angustian porque no podemos hacer nada. Los de puerta abierta nos inquietan, pues, aunque podemos actuar, requiere un esfuerzo.

En la World Regret Survey, muchos participantes informaron de la sensación de pérdida que acompaña a una puerta cerrada.

Un californiano de cincuenta y un años se distanció de su padre a los siete años, cuando sus progenitores se divorciaron. Visitaba a su padre cada dos fines de semana, pero «la relación era superficial... no había conversaciones profundas ni llegábamos a conocernos». En secundaria, las visitas cesaron. El hombre recuperó el contacto con su padre al final de la adolescencia, al principio de la veintena:

> Aun así, durante todo ese tiempo no llegamos a crear un vínculo... Falleció hace diecisiete años. A menudo me arrepiento de no haberme tomado una cerveza con él como hombres adultos.

Una mujer de cincuenta y cuatro años compartió lo siguiente:

> Me arrepiento de no haber sido más amable con mi madre. De joven, hacía oídos sordos a lo que me decía, pensando que era más inteligente que ella (lo típico de los adolescentes). Al crecer, discutíamos de política, aferrándonos a nuestros respectivos puntos de vista. Ahora que se ha ido, la echo tanto de menos que a veces me deja sin aliento. Hice mal mi papel de hija. Miro a las mías y rezo para que sean más cariñosas conmigo de lo que yo lo fui con mi madre, aunque no estoy segura de merecerlo.

Para muchas personas, incluida una mujer de cuarenta y cinco años del Distrito de Columbia, la puerta se cerró con palabras no pronunciadas:

> Mi hermano murió de repente con cuarenta y un años. Me arrepiento de no haberle dicho «Te quiero» más a menudo.

Y varios arrepentimientos se parecen a éste de una mujer de cuarenta y cuatro años de Iowa:

Me arrepiento de no haber asistido al funeral de mi *coach* y mentor universitario. Mi bebé sólo tenía un par de semanas, era invierno, con pronóstico de mal tiempo y estaba a más de tres horas de viaje. Escribo estas excusas tal y como me las repetí una y otra vez al tratar de tomar una decisión. Intenté convencerme de que había tomado la decisión correcta... Razón, remordimiento, razón, remordimiento, razón, remordimiento juegan al pimpón en mi cerebro cada vez que pienso en aquel suceso de hace quince años.

Un estudio de 2012 realizado por Mike Morrison, Kai Epstude y Neal Roese concluyó que los arrepentimientos relativos a las relaciones sociales se sienten con mayor intensidad que otros tipos de arrepentimiento porque amenazan nuestro sentido de pertenencia. Cuando nuestras conexiones con los demás se deshacen o se desintegran, sufrimos. Si la culpa es nuestra, sufrimos aún más. «La necesidad de pertenencia —escribieron— no es sólo un motivo humano fundamental, sino un componente esencial del arrepentimiento.»[2]

Los arrepentimientos de puerta cerrada nos irritan porque no podemos enmendarlos. Fin. Pero las puertas que no pueden moverse esconden tras de sí un beneficio: ofrecen otro ejemplo de cómo el arrepentimiento puede hacernos mejores.

Años después de la muerte de Deepa, Amy se enteró de que a otra amiga de la infancia le habían diagnosticado un cáncer. «Sigo revisando mi experiencia anterior (con Deepa) —dijo Amy—. Necesitaba ponerme en marcha, por muy difícil que fuera.»

Amy llamaba a esta amiga con frecuencia. La visitaba. Intercambiaban correos electrónicos y mensajes de texto. «Hice todo lo que pude para asegurarme de que ella supiera que siempre estaba en mis pensamientos. Me esforcé mucho para estar presente en su vida y reconocer la realidad de su situación.»

La amiga falleció en 2015. «Mantuvimos el contacto hasta que murió —me dijo Amy—. No lo hizo más fácil. Pero no me arrepiento.»

Rupturas y distanciamientos

Cheryl y Jen jamás discutieron, ni siquiera tuvieron una pequeña riña. Nunca hablaron sobre la disolución de su amistad. Sólo se desvaneció.

Así como los arrepentimientos de conexión que la gente contó en las encuestas se cuentan por miles, las formas específicas en que terminaron sus relaciones eran sólo dos: rupturas y distanciamientos.

Las rupturas suelen comenzar con un incidente catalizador: un insulto, una revelación, una traición. Eso desemboca en gritos, amenazas ominosas, platos rotos y otros pilares de las telenovelas y las obras de Edward Albee. Las desavenencias generan resentimiento y antagonismo entre las partes, aunque a ojos de los demás el agravio pueda parecer trivial y fácil de reparar.

Por ejemplo, un canadiense de setenta y un años se lamentaba de lo siguiente:

> Un desacuerdo con mi hijo en Navidad sobre el comportamiento de su hijo de cinco años (mi nieto) acabó convirtiéndose en una enorme, aunque corta, discusión. El resultado ha sido un distanciamiento familiar desde hace casi cinco años. No hemos hablado ni nos hemos comunicado desde entonces.

Una mujer de sesenta y seis años de Texas escribió:

> Me arrepiento de haber reaccionado mal cuando me enteré de que mi nuera y mi hijo iban a volver a casa de ella, que está en Australia, después de habernos hecho creer que quería vivir cerca de nosotros. Se fueron y ahora nos hemos distanciado.

Los distanciamientos siguen una narrativa más turbia. A menudo carecen de un principio, de un nudo o de un final discernibles. Ocurren de forma casi imperceptible. Un día, la conexión existe. Al otro, levantamos la vista y ya no está.

Una mujer de Pensilvania se arrepentía de:

No haberme tomado tiempo para ser mejor amiga, mejor hermana, mejor hija. Dejar pasar el tiempo y darme cuenta de repente de que tengo cuarenta y ocho años.

Un hombre de cuarenta y un años de Camboya escribió:

Me arrepiento de haber dejado que los buenos amigos se alejasen por no estar en contacto.

Para muchos, la situación sólo se reconoce una vez que pasa el tiempo. Un hombre de sesenta años de Pensilvania dijo:

Ojalá me hubiera esforzado más en fomentar relaciones más estrechas con mis compañeros de trabajo. He estado en el mismo puesto más de treinta años, pero no estoy seguro de considerar buena amiga a ninguna de las personas con las que he trabajado.

Las rupturas son más dramáticas, pero los distanciamientos son más comunes y, también, más difíciles de enmendar. Las desavenencias generan emociones como la ira y los celos, que nos resultan familiares y cuesta menos identificarlas y comprenderlas. Los distanciamientos implican emociones más sutiles que, a su vez, pueden parecer menos legítimas. La primera de estas emociones, descrita por cientos de personas con arrepentimientos de conexión, es la incomodidad.

Cuando Cheryl ha contemplado la posibilidad de volver a conectar con su antigua amiga, se ha preguntado: «¿Sería mejor que Jen no tuviera más noticias mías o que las tuviera y que me contase algo aterrador?». La preocupación de Cheryl por lo aterrador siempre ha prevalecido. La preocupa «la rareza de tender la mano» después de un cuarto de siglo. Teme que un gesto así «no le parezca bien» a su amiga.

La misma barrera impidió a Amy telefonear a Deepa. «Me incomodaba eso de que "No he hablado contigo en años, pero, oye, como me he enterado de que te estás muriendo, te llamo" —explicó Amy—. Ojalá no hubiera tenido miedo de enfrentarme a los sentimientos incómodos que sabía que iba a tener cuando la llamara.»

Si Amy se hubiera enfrentado a esos sentimientos, se habría sorprendido e incluso alegrado. Los seres humanos somos impresionantes. Podemos pilotar aviones, componer óperas y hornear bollos, pero somos pésimos para adivinar lo que piensan los demás y anticipar cómo van a comportarse. Y lo que es peor, no nos damos cuenta de lo ineptos que somos en este tipo de habilidades.[3] Por lo que respecta a percibir y predecir la incomodidad, somos unos auténticos inútiles.

En un estudio de 2014, los psicólogos sociales Nicholas Epley y Juliana Schroeder reunieron a un grupo de viajeros de trenes y autobuses del área de Chicago y les pidieron que entablaran conversaciones con extraños. Los reclutas predijeron que, al hacerlo, se sentirían incómodos y que los receptores de sus ruegos sufrirían una incomodidad aún mayor. Se equivocaron en ambos frentes. A quienes iniciaron las conversaciones, les resultó más fácil de lo que esperaban. Disfrutaron más de su trayecto que los participantes del grupo de control, que se mantuvieron al margen. Y los desconocidos con los que hablaron tampoco se sintieron desconcertados. Disfrutaron de las conversaciones en la misma medida.

«La gente no entiende las consecuencias de la conexión social», escribieron Epley y Shroeder.[4] Los viajeros temían que el acercamiento fuera incómodo para todos, pero sus temores eran infundados. No lo fue.

En un estudio de 2020, Erica Boothby, de la Universidad de Pensilvania, y Vanessa Bohns, de la Universidad de Cornell, examinaron un fenómeno relacionado con esto: lo que nos cuesta hacer cumplidos a otras personas. Boothby y Bohns descubrieron que la perspectiva de hacer cumplidos puede poner nerviosa a la gente. A esas personas las preocupa que «su torpeza quede a la vista y que la gente se dé cuenta y los juzgue por sus muchos defectos y pasos en falso». Sin embargo, en los experimentos, las predicciones de la gente —sobre sí misma y sobre los demás— resultaron ser completamente erróneas. Sobrestimaron drásticamente lo «molesta, incómoda e irritada» que se sentiría quien recibía el cumplido y subestimaron lo positiva que sería esa reacción.[5] No fue una reacción de incomodidad.

El fenómeno que tiene lugar en estas situaciones es lo que los psicólogos sociales denominan «ignorancia pluralista». Asumimos erróneamente que nuestras creencias difieren de las de los demás, en especial, cuando esos pensamientos personales parecen estar en conflicto con el comportamiento general. Cuando nos cuesta entender una conferencia, no hacemos preguntas por creer que, como los demás no las hacen, eso significa que ellos la entienden y nosotros no queremos parecer tontos. Sin embargo, no tenemos en cuenta que los demás pueden estar igual de desconcertados y nerviosos por temor a parecer estúpidos. Estamos confundidos, pero permanecemos así porque creemos que nadie duda... ¡salvo nosotros! Nuestras encuestas a estudiantes universitarios revelan que la mayoría no bebe en exceso, pero piensan que son la excepción y que sus compañeros se emborrachan constantemente, lo que refuerza una norma social que un número pequeño de personas respalda de verdad.[6]

Nuestra preocupación por la incomodidad de volver a contactar con alguien de quien nos hemos alejado se ajusta a este patrón. Con frecuencia, presumimos que nuestras preferencias son únicas. Durante una conversación en la que Cheryl sostenía que Jen tendría poco interés en recuperar el contacto y que, en cambio, consideraría extraña cualquier comunicación por parte de Cheryl, le pedí que considerara el escenario inverso.

¿Cómo se sentiría si Jen se pusiera en contacto con ella?

«Si recibiera un mensaje suyo, Dios mío, me echaría a llorar —me dijo—. Sería todo un revulsivo escucharla y que ella siguiera pensando en nuestra amistad después de todos estos años».

«La felicidad es amor. Punto.»

El estudio más antiguo sobre el bienestar vital de un grupo de personas es el Estudio del Desarrollo Adulto de la Facultad de Medicina de Harvard, también conocido como Estudio Grant, cuyo nombre proviene por uno de sus creadores. Puede que hayas oído hablar de él. En 1938, los investigadores de Harvard reclutaron 268 estudiantes universitarios y los siguieron durante ochenta años. La duración del estudio y sus detalles son asombrosos. Midieron el coeficiente intelectual de los hombres, analizaron su escritura y examinaron sus cejas y testículos. Les extrajeron sangre, les hicieron electroencefalogramas y calcularon sus ingresos durante toda su vida. El audaz objetivo era determinar por qué algunas personas prosperaban en el trabajo y en la vida y otras fracasaban. A pesar de sus evidentes limitaciones —los sujetos eran todos hombres blancos estadounidenses—, el Estudio Grant es uno de los proyectos a largo plazo más importantes de la historia de la ciencia psicológica. Los investigadores acabaron incluyendo en el estudio a los hijos y cónyuges de estos hombres. En los años setenta, añadieron 456 bostonianos de clase trabajadora para diversificar el conjunto socioeconómico. Las conclusiones de estos esfuerzos se consideran sólidas, instructivas y, probablemente, universales.

Como resumió la publicación digital *Harvard Gazette* en 2017:

> Las relaciones estrechas, más que el dinero o la fama, son las que mantienen a la gente feliz durante toda su vida... Estos vínculos protegen a las personas de los sinsabores de la vida, ayudan a retrasar el deterioro mental y físico y son mejores predictores de una vida larga y feliz que la clase social, el coeficiente intelectual o los genes. Este hallazgo resultó ser cierto en todos los casos, tanto en los hombres de Harvard como en los participantes del centro de la ciudad.[7]

Los hombres que habían tenido una relación afectuosa con sus padres durante la infancia ganaban más en la edad adulta que aquellos cuyos vínculos paternofiliales eran más tirantes. También eran más felices y tenían menos probabilidades de sufrir demencia al llegar a la vejez. Las personas con matrimonios sólidos sufrieron menos dolor físico y una menor angustia emocional a lo largo de su vida. Las amistades íntimas de los individuos resultaron ser predictores más precisos de un envejecimiento saludable que sus niveles de colesterol. El apoyo social y los vínculos con la comunidad ayudaban a proteger a las personas frente a la enfermedad y la depresión. En cambio, la soledad y la desconexión, en algunos casos, eran fatales.

En 2017, Robert Waldinger, psiquiatra y actual director del estudio, describió a un periodista la idea central de la investigación: «Cuidar el cuerpo es importante, pero cuidar las relaciones es una forma de autocuidado. Ésa, creo, es la revelación».[8]

Muchas de las personas que participaron en la World Regret Survey parecen haber llegado a una conclusión similar a la del estudio Grant. Tomemos, por ejemplo, a esta mujer californiana de cincuenta y siete años:

Me arrepiento de no haber abrazado más a mi hijastra cuando era niña. No quería que pensara que intentaba sustituir a su madre y no me di cuenta de lo mucho que necesitaba que la mimaran.

O una mujer de sesenta y dos años de Ohio, que dijo:

Mis padres, aunque con un año de diferencia, recibieron cuidados paliativos en mi casa. Lamento no haber pasado más tiempo con ellos en sus últimos días, cogiéndoles la mano y hablándoles de los maravillosos momentos que me dieron. No éramos una familia que se abrazara, llorara o se besara, y no sabía que tenía que hacerlo, por ellos o por mí.

O este floridano de setenta y un años:

Cuando mi hija salió del armario como transgénero a los catorce años, no lo entendí y no manejé bien la situación. Como resultado, infligí un dolor increíble a mi única hija, la persona a la que más quiero en el mundo. Las cosas han cambiado desde entonces y ahora soy su principal apoyo, pero nunca me perdonaré no haber sido la madre que debería haber sido cuando más falta le hacía.

Uno de los (no) hallazgos más notables de la World Regret Survey tenía que ver con los padres. Cientos de personas describieron su arrepentimiento por haberse casado con el cónyuge equivocado o por haber elegido a una pareja decepcionante, pero menos de veinte encuestados de entre más de dieciséis mil se arrepintieron de haber tenido hijos.[9] En cierto sentido, tanto la ciencia del comportamiento como la cultura popular han prestado demasiada atención al amor y no la suficiente a otras formas de conexión familiar. De hecho, en 2020, un grupo de más de cuarenta académicos internacionales, que representaban a dos docenas de países, examinaron datos de veintisiete sociedades de todo el mundo y llegaron a la conclusión de que, aunque las revistas académicas estaban repletas de investigaciones sobre la búsqueda de pareja, las personas «dan prioridad a objetivos relacionados con los vínculos familiares frente a los relacionados con la pareja».[10] Enfocar más investigaciones en las relaciones familiares a largo plazo, que producen un bienestar mayor y más duradero con menos inconvenientes que los enredos románticos, ampliaría nuestra comprensión.

George Vaillant, otro psiquiatra de Harvard, dirigió el Estudio Grant durante más de treinta años. En un manuscrito inédito de 2012, reflexionaba sobre lo que había aprendido. Después de ocho décadas, cientos de sujetos, miles de entrevistas y millones de datos, afirmó que podía resumir la conclusión del examen más largo jamás realizado sobre la prosperidad humana en cinco palabras: «La felicidad es amor. Punto».[11]

A fin de cuentas, el problema al que nos enfrentamos es extraordinariamente sencillo. Lo que da sentido y satisfacción a nuestra vida son las relaciones significativas. Cuando esas relaciones se rompen de forma intencionada o por falta de atención, lo que se interpone en el camino para volver a unirlas son los sentimientos de incomodidad. Tememos estropear nuestros esfuerzos por restablecer el contacto, hacer que los destinatarios se sientan aún más incómodos. Sin embargo, estas preocupaciones son casi siempre erróneas. Cierto, a veces seremos rechazados. Pero lo más frecuente es que sobrestimemos lo incómodos que nos sentiremos y subestimemos la acogida de nuestras propuestas.

Este sencillo problema tiene una solución aún más fácil. Deja la incomodidad a un lado.

Cuando Amy Knobler piensa en su arrepentimiento de puerta cerrada, desearía viajar atrás en el tiempo y susurrarle un consejo a su yo anterior. Le aseguraría a la joven Amy «que, aunque te sientas rara y te resulte incómodo y aterrador, te alegrarás de haber pasado por esa experiencia, no sólo porque dejarás de tener esas preguntas sin respuesta, sino también por lo que supone para la otra persona».

Cuando Cheryl Johnson contempla la puerta abierta de su relación con Jen, piensa en su próximo movimiento, aunque, al menos por el momento, no vaya a actuar en consecuencia: «Casi siempre es mejor errar apareciendo. Y si es incómodo, pues lo es, lo superarás. No pasa nada. Pero, si no apareces, todo está perdido».

Todos los arrepentimientos de estructura profunda revelan una necesidad y ofrecen una lección. En el caso de los arrepentimientos de conexión, la necesidad humana es el amor, pero no sólo en el sentido romántico, sino en una versión más amplia del amor que incluye el apego, la devoción y la comunidad, y que se extiende a padres, hijos, hermanos y amigos.

La lección de las puertas cerradas es la de hacerlo mejor la próxima vez. La lección de las puertas abiertas es la de hacer algo ya. Si una relación que te importa se ha deshecho, llama. Visita a esa persona. Di lo que sientes. Supera la incomodidad y tiende la mano.

«De lo que más me arrepiento es de no haber sido más firme en varios momentos de mi vida con respecto a mis necesidades y deseos: educación, relaciones, vacaciones, hasta respecto a la comida que llega a mi casa.»

Hombre, cincuenta y un años, Nueva Jersey

//

«Ojalá hubiera plantado más árboles.»

Hombre, cincuenta y siete años, Reino Unido

//

«Me arrepiento de haber expuesto mi vida durante tanto tiempo en las redes sociales. He compartido cosas demasiadas veces y ahora siento que hay demasiado de mí "ahí fuera".»

Mujer, veintisiete años, Washington

11

Oportunidad y obligación

La fotografía era más complicada y cara en el siglo XX, antes de que todos los teléfonos tuvieran una cámara y todos los bolsillos tuvieran un teléfono. Acercaos, jóvenes, os lo explicaré.

En aquellos tiempos, los fotógrafos hacían sus fotos en película. Apretaban un botón para abrir el obturador de la cámara, que momentáneamente dejaba pasar la luz, y esta interactuaba con los productos químicos de la película para grabar una imagen.

El resultado era un poco extraño. En la tira de película que los fotógrafos retiraban de la cámara, los puntos claros aparecían oscuros y los oscuros, claros. Esto se llamaba *negativo* y era el paso intermedio en el proceso de producción. Cuando los fotógrafos imprimían ese negativo en papel, la luz y la oscuridad se invertían y los tonos de color originales se restablecían.

El arrepentimiento funciona de una forma muy similar. Los cuatro arrepentimientos principales operan como un negativo fotográfico de la buena vida. Si sabemos de qué se arrepiente la gente, podemos invertir la imagen para averiguar qué valora más.

Entonces, ¿qué es lo que todos queremos y necesitamos?

La estructura profunda del arrepentimiento, resumida en la tabla siguiente, nos brinda una respuesta:

Tabla 1. Estructura profunda del arrepentimiento

	Cómo suena	**Necesidad humana que revela**
De base	Si sólo hubiera hecho el trabajo	Estabilidad
De audacia	Si sólo hubiera corrido el riesgo	Crecimiento
Moral	Si sólo hubiera hecho lo correcto	Bondad
De conexión	Si sólo hubiera tendido la mano	Amor

Buscamos cierta estabilidad, una base sólida de bienestar material, físico y mental.

Esperamos usar parte de nuestro limitado tiempo para explorar y crecer, persiguiendo la novedad y siendo audaces.

Aspiramos a hacer lo correcto, a ser y a que nos vean como buenas personas que cumplimos con nuestros compromisos morales.

Anhelamos conectar con los demás, forjar amistades y relaciones familiares unidas por el amor.

Una base sólida. Un poco de audacia. Una moral elemental. Conexiones significativas. La emoción negativa del arrepentimiento revela el camino positivo para vivir.

Podría y debería

Cada vez que te miras al espejo, ves una persona, pero, si entrecierras un poco los ojos, puede que veas tres yoes.

Ésa es la idea que anima una teoría de la motivación que Tory Higgins, psicóloga social de la Universidad de Columbia, propuso por primera vez en 1987. Higgins sostenía que todos tenemos un «yo real», un «yo ideal» y un «yo debido».

Nuestro yo real es el conjunto de atributos que poseemos. Nuestro yo ideal es el yo que creemos que podríamos ser: esperanzas, deseos y sueños. Nuestro yo debido es el que creemos que deberíamos ser: deberes, compromisos y responsabilidades.[1]

Lo que alimenta nuestro comportamiento y dirige los objetivos que perseguimos, sostenía Higgins, son las discrepancias entre estos tres yoes. Por ejemplo, si mi yo ideal está sano y en buena forma física pero mi yo real está aletargado y con sobrepeso, esa brecha podría motivarme a hacer ejercicio. Si mi yo debido cree en el cuidado de parientes ancianos pero mi yo real no ha visitado a su abuela en seis meses, puede que salga antes de la oficina y vaya a casa de mi abuela. Sin embargo, cuando no nos esforzamos, cuando persiste una discrepancia entre lo que somos y lo que podríamos o deberíamos ser, los sentimientos desagradables nos inundan.

En 2018, Shai Davidai, de la New School for Social Research, y el omnipresente Thomas Gilovich recurrieron a la teoría de Higgins para analizar el arrepentimiento. Ampliando la investigación anterior de Gilovich —que demuestra que, con el tiempo, las personas se arrepienten más de las inacciones que de las acciones—, llevaron a cabo seis estudios que concluyeron de un único modo: las personas se arrepienten más de sus fracasos por no estar a la altura de su yo ideal que de sus fracasos por no estar a la altura de su yo debido. Los arrepentimientos del «podría» superan a los del «debería» en una proporción de tres a uno.

La razón más probable radica en el contraste de las consecuencias emocionales de estos dos tipos de arrepentimiento. Las discrepancias entre nuestro yo real y nuestro yo ideal nos dejan abatidos, pero las discrepancias entre nuestro yo real y nuestro yo debido nos perturban y nos empujan a actuar. Sentimos una mayor urgencia respecto a los arrepentimientos relacionados con el deber, por lo que es más probable que empecemos a subsanar el problema: revertimos comportamientos pasados, nos disculpamos con las personas a las que hemos perjudicado o aprendemos de nuestros errores.[2] Los «podría» nos molestan más que los «debería» y acabamos arreglando muchos de los «debería».[3]

Este análisis ofrece otra ventana a la estructura profunda del arrepentimiento. Los fracasos en convertirnos en nuestro yo ideal son desengaños en la búsqueda de oportunidades. Los fracasos en convertirnos en nuestro yo debido son desengaños en el cumplimiento de nuestras obligaciones. Los cuatro arrepentimientos principales tienen que ver con la oportunidad, la obligación o con ambas.

Por ejemplo, los arrepentimientos de audacia —«Si sólo hubiera corrido ese riesgo»— se deben a oportunidades que no aprovechamos.[4] Los de base —«Si sólo hubiera hecho el trabajo»— también se refieren en gran medida a las oportunidades (educación, salud, bienestar financiero) que no perseguimos. Los de conexión —«Si sólo hubiera tendido la mano»— son una mezcla: incluyen oportunidades de amistad que no aprovechamos, obligaciones para con miembros de la familia y para con otras personas que descuidamos. Los morales —«Si sólo hubiera hecho lo correcto»— se refieren a obligaciones que no cumplimos.

El resultado es que la oportunidad y la obligación se sitúan en el centro del arrepentimiento, pero la oportunidad tiene el asiento más destacado. Esto también permite explicar por qué es más probable que nos arrepintamos de lo que no hicimos que de lo que hicimos. Como han escrito Neal Roese y Amy Summerville, «Los arrepentimientos por inacción duran más que los de por acción, en parte porque reflejan una mayor sensación de oportunidad».[5]

La importancia de la oportunidad se hizo más patente cuando volví a examinar los datos que recogí en el American Regret Project, la parte cuantitativa de mi investigación. El tamaño y la amplitud de esta encuesta me permitieron averiguar las diferencias entre subgrupos.

¿Difieren los arrepentimientos de las mujeres de los de los hombres? ¿Tienen los estadounidenses negros arrepentimientos diferentes a los de los estadounidenses blancos? ¿Dependen los arrepentimientos de que seas rico o pobre?

La respuesta corta es que las diferencias no eran enormes. La respuesta más larga e intrigante es que las discrepancias que surgieron reforzaban la importancia de la oportunidad como motor del arrepentimiento.

Tomemos, por ejemplo, el nivel educativo de los encuestados. Las personas con títulos universitarios tenían más probabilidades de arrepentirse de su carrera profesional que las que no los tenían. *A priori*, esto podría sorprendernos. Tener un título universitario suele ofrecer a las personas más opciones profesionales. Sin embargo, ésa podría ser la razón por la que los licenciados universitarios se arrepienten más de su carrera profesional. Su vida presenta más oportunidades y, consiguientemente, un mayor universo de oportunidades perdidas.

Los ingresos presentaban un patrón similar. No es de extrañar que los arrepentimientos vinculados con las finanzas estén correlacionados con los ingresos del hogar: cuanto más bajos son los ingresos, más probable es que alguien tenga un arrepentimiento relacionado con las finanzas. Sin embargo, los remordimientos relacionados con la carrera profesional se dan en la dirección contraria, es decir, cuanto más altos son los ingresos, más probable es que alguien se arrepienta de su carrera profesional. Una vez más, un mayor número de oportunidades podría dar lugar a un mayor número de arrepentimientos por oportunidades no aprovechadas.

Los arrepentimientos relacionados con la educación eran más frecuentes entre las personas que habían ido a la universidad pero no se habían graduado. Para una de cada cuatro personas de este grupo, la educación era su mayor pesar. En este caso, la oportunidad frustrada puede ser el motivo.

Es probable que la oportunidad frustrada sea la razón de la única brecha racial que surgió en la encuesta. Las diferencias raciales en el arrepentimiento fueron mínimas, salvo en una única dimensión. Las personas que no eran blancas se arrepentían más de la educación que los blancos, lo que probablemente se explica por las disparidades raciales en el acceso a las oportunidades educativas en Estados Unidos.

La edad también mostró la importancia —y la paradoja— de la oportunidad.

En la encuesta del American Regret Project, los veinteañeros presentaban cifras muy similares de arrepentimientos por acción y por inacción. Sin embargo, a medida que la gente envejecía, los arrepentimientos por inacción empezaban a dominar. A los cincuenta años, los arrepentimientos por inacción eran dos veces más frecuentes que los de acción. De hecho, según los datos, la edad era, con diferencia, el factor más importante para predecir los arrepentimientos por inacción. Cuando el universo de oportunidades que tienen ante sí se reduce (como les sucede a las personas mayores), la gente parece lamentar lo que no ha hecho.

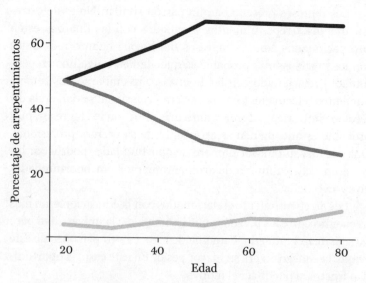

Figura 9. Los arrepentimientos por inacción aumentan a medida que la gente envejece
Fuente: Daniel Pink *et al.*, American Regret Project, 2021.

Con todo, también buscan oportunidades en diferentes lugares. Por ejemplo, entre las personas de treinta a sesenta y cinco años, los arrepentimientos relacionados con la carrera profesional y las finanzas eran los más frecuentes, pues en esa etapa de la vida las oportunidades seguían vivas en esos ámbitos. A medida que la gente iba envejeciendo, tendía a lamentarse menos de la educación, la salud y la carrera profesional, y más de la familia. La razón: a los setenta años, las oportunidades de obtener un doctorado, lanzar una nueva carrera profesional o compensar décadas de una vida dura son limitadas. Esas puertas se están cerrando. En cambio, sigue existiendo la oportunidad de reconciliarte con tu hermano distanciado antes de que ambos fallezcáis. Esa puerta sigue abierta.

Las diferencias entre hombres y mujeres no eran grandes, pero las había. Por ejemplo, los hombres eran más propensos a arrepentirse de su carrera profesional. Casi uno de cada cinco hombres tiene arrepentimientos de esta categoría, pero sólo el 12 por ciento de las mujeres. Por el contrario, ellas son más proclives a tener arrepentimientos relacionados con la familia: el 24 por ciento de las mujeres frente al 18 por ciento de los hombres. La encuesta no formuló preguntas que puedan ofrecer una explicación definitiva de esta diferencia, pero podemos especular que, de media, los hombres son más propensos a valorar las oportunidades profesionales, y las mujeres, más proclives a valorar las oportunidades de relación.[6]

Sueños y deberes

Nos arrepentimos más de las oportunidades perdidas que de las obligaciones incumplidas. Sin embargo, sabemos que una vida realizada implica una mezcla de sueños y obligaciones.[7] El negativo fotográfico que ofrece el arrepentimiento deja claro que el ser humano combina los sueños que tenemos para con nosotros con los deberes que imponemos a los demás.

Una vida de obligaciones y sin oportunidades se enquista. Una vida de oportunidades y sin obligaciones es hueca. Una vida que fusiona la oportunidad y la obligación es verdadera.

Cómo construir esa vida transformando tus arrepentimientos actuales y anticipando tus arrepentimientos futuros es el tema que abordaré en el resto del libro.

TERCERA PARTE

EL ARREPENTIMIENTO RECONSTRUIDO

«Dejé de ser amable con Jessica. Cuando tuvo la regla en el colegio, que le duró tres días, la llamé Bloody Mary.»

Mujer, treinta y nueve años, Carolina del Norte

//

«Me arrepiento de cada uno de los besos que pude haberle dado a mi esposa pero que no le di por estar demasiado ocupado durante nuestros sesenta y dos años de matrimonio, antes de que ella muriera por la COVID-19.»

Hombre, ochenta y cuatro años, Texas

//

«Me arrepiento de no haber aprendido a leer música o a tocar un instrumento. Ahora me doy cuenta de que es una habilidad que viene bien aunque no te guste la música.»

Mujer, diecisiete años, Japón

12

Deshacer y relativizar

Jeff Bosley sólo quería ser guay.

A los veintinueve años se alistó en el ejército estadounidense y ahora era el soldado más veterano de Fort Bragg, más incluso que su sargento de división. Quería encajar. Una noche, él y otros compañeros salieron de la base, condujeron hasta la ciudad y entraron en un estudio de tatuajes.

Jeff buscaba una imagen o frase que impresionara a sus camaradas, un símbolo de «supermacho», como él decía, para difundir su filosofía guerrera. Eligió el brazo izquierdo para situar el tatuaje, porque «es el brazo que veo cuando sostengo el rifle».

El artista del estudio abrió un programa de Word en el ordenador y seleccionó la fuente Papyrus. En el brazo izquierdo de Jeff, por unos cien dólares, el artista tatuó nueve letras en tinta negra:

No Regrets

Jeff sirvió en el ejército durante casi una década y se convirtió en boina verde. Después trabajó como bombero en Colorado Springs. Durante esa etapa, él y su mujer desde hacía doce años se divorciaron. Cuando su matrimonio terminó, descubrió algo sobre sí mismo: se arrepentía de muchas cosas. Se arrepentía de no haberse tomado la universidad —ocho años, dos facultades y ningún título— más en serio. Se arrepentía de haber herido a su mujer al pedirle el divorcio. Se arrepentía de no haber perseguido su sueño de dedicarse a la interpretación.

Catorce años después de aquella impetuosa decisión nocturna, Jeff se dio cuenta de que su tatuaje no sólo era antiestético (la letra Papyrus es «la más cutre y común que podría haber elegido», me dijo). También era falso.

«El arrepentimiento es importante —me dijo Jeff cuando hablamos—. Me arrepiento. Me alimenta. El arrepentimiento apesta. Pero lo prefiero a esa gente que dice "Sin remordimientos" o "No me arrepiento de nada".»

Impulsado por este pesar, se trasladó del centro de Colorado al sur de California, donde ahora se gana la vida como actor. Impulsado por el perenne recordatorio de un credo en el que ya no creía, decidió borrarse el tatuaje. El proceso es doloroso, largo y caro. Implica sesiones regulares de láser en una consulta de dermatología y cuesta diez veces más que el tatuaje original.

«Cada vez que voy a la clínica para eliminarlo, si me encuentro con una nueva enfermera o técnico, le digo: "Lo he pillado. No se me escapa la ironía".».

¿Qué hacemos con nuestros arrepentimientos? Si el arrepentimiento nos hace humanos, ¿cómo lo utilizamos para convertirnos en personas mejores y más satisfechas?

El punto de partida es revisar una de las particularidades clave de la arquitectura del arrepentimiento: la diferencia entre el arrepentimiento por acción y por inacción, entre arrepentirnos de lo que hicimos y de lo que no hicimos. Los arrepentimientos por acción son menos prevalentes. En este breve capítulo explicaré cómo puedes adaptarlos al presente. En el siguiente, abordaré el más complejo reto de explicarte cómo transformar ambos tipos de arrepentimiento para mejorar tu futuro.

En el caso de los arrepentimientos de acción, tu objetivo inicial debería ser cambiar a mejor la situación inmediata. Aunque eso no siempre es posible, tenemos dos maneras de avanzar hacia la meta. Podemos deshacer muchos de esos arrepentimientos: enmendar nuestras decisiones, revertirlas o borrar las consecuencias. Piensa en Jeff y en su tatuaje, ahora desvaneciéndose. También podemos responder a los arrepentimientos de acción recurriendo a los «Al menos» de modo que nos ayuden a sentirnos mejor respecto a nuestras circunstancias. Ninguna de las dos tácticas nos prepara para el futuro, pero ambas pueden ayudarnos a reajustar el presente.

Paso 1. Deshacerlo

Supongamos que, sin mediar provocación, le das una bofetada a tu mejor amigo o dices algo sarcástico sobre el difunto a sus familiares en su funeral. Probablemente te arrepentirías. La mayoría lo haríamos. Sin embargo, sólo un ejecutivo del mundo del espectáculo podría ver en estas indiscreciones el germen de un programa de televisión.

Het Spijt Me era un programa que empezó a emitirse en la televisión holandesa en 1993. Su emisión continuó en distintas versiones durante veinte años. El formato básico del programa (en inglés, el título es *I Am Sorry* [Lo siento]) siempre incluía dos protagonistas. El primero era la persona que se arrepentía, por ejemplo, la que había pegado a su amigo. El segundo era el perjudicado, el que recibía la bofetada.

En la versión original del programa, la persona arrepentida, sentada frente al público del estudio en uno de esos sofás tipo *talkshow*, contaba su arrepentimiento al presentador de *Het Spijt Me*. A continuación, los productores localizaban al sujeto afectado, que contaba la historia desde su punto de vista, y le preguntaban si aceptaba una disculpa. Al tratarse de Holanda, siempre había flores de por medio.

Si la persona afectada aceptaba la disculpa, atravesaba un par de puertas correderas y saludaba al arrepentido en el escenario. (En versiones posteriores del programa, el arrepentido esperaba al final de la calle de la casa del afectado.) A medida que todo se iba arreglando, los protagonistas derramaban lágrimas y se abrazaban.

Tres investigadores holandeses, dirigidos por el psicólogo social Marcel Zeelenberg (uno de los principales estudiosos del arrepentimiento), analizaron dos temporadas de *Het Spijt Me* para determinar qué arrepentimientos intenta revertir la gente. Descubrieron que, en el programa, así como en las partes no televisadas de la vida, la gente es más propensa a deshacer los arrepentimientos de acción que los de inacción.[1] Somos más propensos a reparar lo que hicimos que lo que no hicimos.

Las razones son muchas. Como hemos visto en los capítulos 8 y 9, los arrepentimientos de acción suelen surgir de incidentes concretos y provocan emociones «ardientes» a las que respondemos enseguida. En cambio, los arrepentimientos por inacción suelen ser más abstractos y suscitan emociones menos intensas e inmediatas.

Además, muchos arrepentimientos por inacción son difíciles de deshacer. Si a los veinte años me arrepiento de no haber estudiado lo suficiente en el instituto, no puedo volver a matricularme en primero de bachillerato. Mi única opción es centrarme en el futuro.

Sin embargo, con los arrepentimientos por acción, tengo la oportunidad de recalibrar el presente, de pulsar Ctrl + Z en mi teclado existencial.[2] Por ejemplo, con los arrepentimientos morales, que a menudo implican acciones como acosar a un niño más débil, engañar a un cónyuge o insultar a compañeros de trabajo, una forma de deshacerlo es pedir disculpas. Las disculpas —escribió el gran sociólogo Ervin Goffman— son «admisiones de culpabilidad y arrepentimiento por un hecho indeseable que permiten a los actores obtener el perdón del público».[3] Si ese perdón se concede, la deuda emocional y moral del pasado se reduce, lo que reequilibra parcialmente el balance.

Al deshacer lo hecho, mejoramos nuestra situación actual. Eso ayuda. Pero deshacer un arrepentimiento no es lo mismo que borrarlo. Jeff Bosley me dijo que, incluso después de muchas sesiones para borrar su tatuaje, las palabras de su brazo izquierdo resultan imposibles de leer, pero no han desaparecido del todo. «Ahora parece un ligero hematoma», dice.

Así que, para abordar los arrepentimientos de acción, empieza por plantearte las siguientes preguntas:

- Si he perjudicado a otros, como suele ocurrir con los arrepentimientos morales y con los de conexión, ¿puedo reparar el daño con una disculpa o con alguna forma de restitución emocional o material?
- Si me he perjudicado a mí, como es el caso de muchos arrepentimientos morales y de algunos arrepentimientos de conexión, ¿puedo reparar el error? Por ejemplo, ¿puedo empezar a reducir las deudas o a dedicar más horas al trabajo? ¿Puedo acercarme a alguien con quien he cortado el contacto?
- Si el arrepentimiento de acción puede deshacerse, inténtalo, aunque quede un ligero moratón físico o metafísico. Pero, si no se puede deshacer, no temas. Tienes otra opción.

Paso 2. Relativizarlo

La otra forma de abordar el presente no es reparar nuestras acciones anteriores, sino refundir la forma en que pensamos en ellas. Permítame ilustrarlo con un ejemplo de mi vida.

Hace treinta años, casi recién salido de la universidad, fui a la Facultad de Derecho. Me arrepiento. No fue una calamidad. Sólo una mala decisión. Si hubiera elegido de otro modo, tal vez dándome más tiempo o eligiendo una trayectoria totalmente diferente, podría haber dedicado esos años a tareas más satisfactorias y mejores para el mundo y habría tenido menos dificultades en mi primera etapa laboral. Pero conocí a mi mujer en la Facultad de Derecho, lo que supuso un glorioso triunfo para mi bienestar. No puedo deshacer un arrepentimiento de acción como éste. Pero una forma de aliviar su escozor es cambiar el «Si sólo» por «Al menos». Estudiar Derecho fue un error, pero al menos conocí a mi mujer.

Los «Al menos» no alteran nuestro comportamiento ni aumentan nuestro rendimiento en el futuro, pero nos ayudan a reevaluar el presente. Por ejemplo, varias mujeres de la World Regret Survey mencionaron el hecho de haberse casado como su mayor arrepentimiento. Sin embargo, las que fueron madres también valoraban a los hijos nacidos de ese matrimonio poco meditado.

«Me arrepiento de haberme casado con un perdedor —decían—, pero al menos tengo estos hijos fantásticos.» Encontrar un resquicio de esperanza no niega la existencia de una nube, pero ofrece otra perspectiva de ella.

Y así como los «*Al menos*» pueden ser útiles para arrepentimientos importantes como elecciones erróneas de matrimonio, resultan especialmente provechosos a la hora de abordar arrepentimientos más molestos que no encajan en las cuatro grandes categorías. Supongamos que te has comprado un coche hace poco, pero que ahora te arrepientes de la decisión y desearías haberte comprado otro modelo. Suponiendo que el vehículo sea seguro y funcional, el tipo de coche que conduces influye poco en tu felicidad y satisfacción a largo plazo. De hecho, da igual el coche que tengamos; sencillo o elegante, nos acostumbramos a él con rapidez.[4] Aunque intentes encontrar una lección de futuro en el arrepentimiento —la próxima vez, antes de comprarte un vehículo, mira las críticas de los consumidores—, deberías restarle importancia, relativizarlo. Podría haber sido peor... «Al menos hice un buen trato.» «Al menos no compré aquel modelo que tenía más pequeño el maletero.» «Al menos está pagado.»

Los «*Al menos*» pueden convertir el arrepentimiento en alivio. Por sí mismos, no cambian nuestro comportamiento, pero sí cómo nos sentimos respecto a él, lo que puede ser valioso. Y como los «*Al menos*» nos vienen a la mente de forma natural con menos frecuencia que los «*Si sólo*», debemos convocarlos en el momento adecuado. Los «*Al menos*» funcionan como antibióticos. A veces tenemos que echar mano del botiquín y sacar algunos para fortalecer nuestro sistema inmune psicológico y luchar contra ciertas emociones dañinas.[5] Si utilizamos estos antibióticos con frecuencia, su eficacia disminuirá. Si los usamos de forma inteligente, contribuirán a un funcionamiento saludable.

Así que, con los arrepentimientos de acción que te están hundiendo, pregúntate:

- ¿Cómo podría haber resultado peor la decisión que ahora lamento?

- ¿Cuál es el lado positivo de este arrepentimiento?
- ¿Cómo completaría la frase siguiente? «Al menos...»

Mientras escribía este libro, Jeff seguía trabajando para deshacer su arrepentimiento mediante el lento y doloroso proceso de eliminación de tatuajes. Requeriría varias sesiones más y, por ende, más dinero.

Al menos no eligió una fuente de mayor tamaño.

«Ao longo da vida ter dedicado meu tempo aos estudos para a menta (racionals) e ter deixado de lado o conhocimento das emoções e sentimentos.»*

Mujer, cuarenta años, Brasil

//

«Me arrepiento de haber ignorado mi voz interior y de no haber hecho caso cuando me decía que fuera más aventurero (mudarme, cambiar de trabajo cuando el jefe es un asco...) y de haber intentado cumplir las expectativas de la sociedad en lugar de centrarme en mí.»

Hombre, cuarenta y siete años, Singapur

//

«Me arrepiento de haber comprado un paquete de Camel de camino a una sombría reunión de negocios en 1999. Sigo fumando —a veces mucho—, más por costumbre que por placer.»

Hombre, cuarenta y cuatro años, Virginia Occidental

* A lo largo de mi vida, he dedicado el tiempo a estudiar la mente racional y he descuidado la comprensión de las emociones y los sentimientos.

13

Revelación, compasión y distancia

La última vez que nos reunimos, Cheryl Johnson estaba lidiando con un arrepentimiento de conexión. Había dejado que la estrecha amistad que en su día había tenido con Jen, una compañera de la universidad, desapareciera durante más de dos décadas y echaba de menos la cercanía y la camaradería de la que otrora disfrutaron. El suyo es un arrepentimiento por inacción, así que no puede deshacerlo; no es posible revertir un vacío de veinticinco años. Tampoco puede minimizarlo con un «Al menos». Decir «Nuestra amistad se evaporó, pero al menos no tuvimos una gran pelea», no supone un gran consuelo ni ayuda en nada en el presente.

La mejor respuesta de Cheryl —óptima en la mayoría de los arrepentimientos, tanto por acción como por inacción— es utilizar el arrepentimiento para mejorar el futuro. Si miramos atrás con la intención de avanzar, podemos convertir nuestros remordimientos en combustible para el progreso. Pueden impulsarnos a tomar decisiones más inteligentes, a obtener un mayor rendimiento y un mayor propósito. La ciencia nos muestra cómo.

En vez de ignorar la emoción negativa del arrepentimiento —o, lo que es peor, revolcarnos en ella—, podemos recordar que el sentimiento es para pensar y que el pensamiento es para hacer.

Siguiendo un sencillo proceso de tres pasos, podemos revelar el arrepentimiento, replantear cómo lo vemos y nos vemos y, finalmente, extraer una lección de la experiencia para tomar nuestras decisiones posteriores.

Paso 1. Autorrevelación: revivir y aliviar

Los monos han construido sociedades increíblemente complejas, pero aún no han creado un banco central que imprima dinero y regule su oferta. Por eso, cuando los primatólogos intentan cuantificar lo que valoran los monos, introducen lo que ellos llaman «moneda líquida», y lo que los no primatólogos llamamos *zumo*. Midiendo la cantidad de zumo que los monos exigen para comportarse como quieren los investigadores y cuánto están dispuestos a sacrificar para comportarse como quieren los monos, los científicos pueden poner precio a las prioridades de los primates.

Robert Deaner, Amir Khera y Michael Platt, antes en la Universidad Duke, ayudaron a desarrollar la técnica. En 2005 la utilizaron para medir cuánto valoraba un grupo de macacos machos las señales de estatus y sexo. Descubrieron que, si querían que los monos miraran las fotos de un macaco de bajo estatus, tenían que sobornarlos con mucho zumo. Sin embargo, las de monos de alto estatus y las de los cuartos traseros de macacos hembra eran tan tentadoras que estaban dispuestos a renunciar al zumo con tal de echarles un vistazo. Dicho de otro modo, los monos exigían un pago líquido para ver monos sin importancia, pero estaban dispuestos a «pagar» para ver monos poderosos o atractivos, lo que sugiere que estos animales otorgan un alto valor a los marcadores de dominancia y aptitud sexual.[1]

En 2012, los psicólogos Diana Tamir, ahora en la Universidad de Princeton, y Jason Mitchell, en Harvard, utilizaron una versión modificada de esta técnica para evaluar lo que más valoran los parientes cercanos de esos macacos: los seres humanos. En el estudio, Tamir y Mitchell presentaron a sus participantes tres opciones: revelar lo que creían de sí mismos, juzgar las creencias de otras personas o responder a una pregunta trivial. Ofrecieron distintas cantidades de dinero por cada actividad. Durante 195 pruebas, las preferencias de la gente fueron claras. Les encantaba hablar de sí mismos, tanto que estaban dispuestos a aceptar menos dinero que el que les ofrecían por cualquier otro comportamiento. «Así como los monos están dispuestos a renunciar a las recompensas de zumo para ver a los compañeros dominantes, los individuos estaban dispuestos a renunciar al dinero con tal de hablar de sí mismos», escribieron Tamir y Mitchell.[2]

Cuando utilizaron imágenes de resonancia magnética funcional para observar qué ocurría en los cerebros de estas personas, vieron que los que revelaban información sobre sí mismos tenían una mayor activación en las regiones cerebrales —el núcleo accumbens y el área tegmental ventral— que responden a la comida, el dinero y el sexo. El estudio, concluyeron los investigadores, «aportó pruebas, tanto conductuales como neuronales, de que la autorrevelación es intrínsecamente gratificante».[3]

El primer paso para afrontar los arrepentimientos, ya sean de acción o de inacción, es la autorrevelación. A menudo nos cuesta revelar información negativa sobre nosotros. No obstante, una enorme cantidad de literatura deja claro que hablar sobre nuestros pensamientos, sentimientos y acciones —contándoselos a otros o escribiendo sobre ellos— aporta una amplia gama de beneficios físicos, mentales y profesionales. Esta autorrevelación está vinculada, entre otras cosas, a la reducción de la presión arterial, la obtención de mejores notas y la mejora de las habilidades de afrontamiento.[4] De hecho, Tamir y Mitchell mantienen que «es posible que nuestra especie tenga el impulso intrínseco de revelar pensamientos a los demás».[5]

La autorrevelación es especialmente útil en el caso del arrepentimiento. Negar nuestros remordimientos pone a prueba tanto nuestra mente como nuestro cuerpo. Aferrarnos a ellos con demasiada fuerza puede llevarnos a una rumiación perjudicial. El mejor enfoque es revivir y aliviar. Al divulgar el arrepentimiento, reducimos parte de su carga, lo que puede despejar el camino para darle sentido.

Por ejemplo, psicólogos como Sonja Lyubomirsky, de la Universidad de California, en Riverside, han realizado estudios que sugieren que las personas procesan las experiencias negativas y positivas de distinta forma. En esta investigación, escribir sobre experiencias negativas, como el arrepentimiento, e incluso hablar dc ellas con una grabadora durante quince minutos al día, aumentó su satisfacción general, mejorando su bienestar físico y mental de un modo que el mero hecho de pensarlas no conseguía. Sin embargo, sucedía lo contrario con las experiencias positivas: escribir y hablar sobre los triunfos y los buenos momentos drenaba parte de su positividad.[6]

La explicación —y la razón por la que la autorrevelación es crucial para manejar el arrepentimiento— es que el lenguaje, ya sea escrito o hablado, nos obliga a organizar e integrar nuestros pensamientos. Convierte las abstracciones mentales en unidades lingüísticas concretas. Y eso es un plus para las emociones negativas.[7]

De nuevo, el arrepentimiento puede hacernos mejorar cuando utilizamos las emociones como una señal para nuestros pensamientos. Cuando sentimos para pensar y pensamos para hacer, el arrepentimiento puede obrar su magia y mejorar nuestras decisiones, incrementar nuestro rendimiento y profundizar en el significado. Escribir sobre el arrepentimiento o revelárselo a otra persona hace que la experiencia pase del ámbito de la emoción al de la cognición. En lugar de que esos desagradables sentimientos revoloteen sin control, el lenguaje nos ayuda a capturarlos en nuestra red, fijarlos y empezar a analizarlos. En cambio, este mismo enfoque resulta menos eficaz al aplicarse a experiencias positivas. Para los momentos felices de la vida, evitar el análisis y la búsqueda de sentido nos ayuda a mantener la maravilla y el placer de esos momentos. Diseccionar los acontecimientos maravillosos puede menoscabar su carácter extraordinario.[8]

Uno de los recelos que tenemos respecto a la autorrevelación, sobre todo si revelamos nuestra falta de prudencia, confianza o coraje, es que los demás piensen mal de nosotros, pero eso es menos preocupante de lo que creemos. Uno puede ir demasiado lejos, por supuesto. Compartir demasiados detalles íntimos sobre uno mismo puede incomodar a los demás. Sin embargo, la evidencia demuestra que la autorrevelación crea afinidad con más frecuencia que lo que desencadena el juicio. Una importante revisión de la literatura concluyó que «las personas que se involucran en revelaciones íntimas tienden a ser más queridas que las personas que revelan cosas a nivel más superficial».[9]

Con todo, si te preocupa lo que los demás piensen de ti, no necesitas revelar tu arrepentimiento a nadie más que a ti. El pionero trabajo del psicólogo social James Pennebaker, de la Universidad de Texas —iniciado en los años noventa y ampliado por él y otros académicos a lo largo de los últimos treinta años—, ha demostrado que el mero hecho de escribir sobre problemas emocionales, aunque sólo sea para consumo propio, puede ser eficaz. Destacan, entre sus beneficios: menos visitas al médico, mejoras a largo plazo en el estado de ánimo, fortalecimiento del sistema inmunológico, mejores notas en el caso de los estudiantes, un acceso más rápido al trabajo en el caso de los desempleados, etcétera.[10] Además, Pennebaker ha determinado que estos beneficios son generales: «El fenómeno de la revelación parece generalizarse a través de distintos entornos, múltiples factores de diferencia individual y diversas culturas occidentales, y es independiente de la respuesta social».[11]

El primer paso para tratar todas las formas de arrepentimiento es revelar el arrepentimiento. Cheryl Johnson lo ha hecho, primero al completar la World Regret Survey y, luego, al hablar conmigo sobre la fuerte amistad que no había podido mantener. En nuestra conversación, me dijo que nunca le había contado a nadie la historia completa de su experiencia y que compartirla conmigo le aportó lucidez y alivio.

La autorrevelación es intrínsecamente gratificante y extrínsecamente valiosa. Puede aligerar nuestra carga, concretar las emociones negativas abstractas y fomentar la afiliación. Así, para empezar a aprovechar tus arrepentimientos a fin de mejorar en el futuro, prueba alguno de estos métodos:

- Escribe sobre tu arrepentimiento quince minutos durante tres días consecutivos.
- Grábate quince minutos hablando sobre tu arrepentimiento durante tres días consecutivos.

- Cuéntale a alguien tu arrepentimiento, en persona o por teléfono. Incluye detalles sobre lo acaecido, pero establece un límite de tiempo (media hora) a fin de evitar posibles repeticiones y cavilaciones.

Paso 2. Autocompasión: normalizar y neutralizar

Una vez que revelas tu arrepentimiento, quedas expuesto ante ti y ante los demás. Una vez expuesto, te enfrentas a la elección de cómo responder a ello. Puedes reprobarte o animarte. ¿Qué es más eficaz, iniciar una ronda de autocrítica o aprovechar tus reservas de autoestima?

Por lo visto, la respuesta no es ninguna de las dos.

Como persona comprometida con la autocrítica, con una vida dedicada a perfeccionar la técnica, quedé sorprendido al buscar las evidencias de su eficacia. No hay muchas. La autocrítica puede, en ocasiones, incentivarnos a actuar cuando nos reprochamos acciones concretas más que tendencias arraigadas. Sin embargo, a menos que se gestione y contenga con cuidado, la autocrítica puede convertirse en una forma intrínseca de señalización de la virtud. Proyecta dureza y ambición, pero a menudo conduce a la rumiación y a la desesperanza en lugar de a la acción productiva.[12]

Su contrario, la autoestima, puede ser más eficaz. Muy apreciada en ciertos círculos parentales y educativos —donde proliferan los elogios y refulgen los trofeos de competiciones escolares—, la autoestima mide cuánto te valoras. ¿Te sientes bien con lo que eres? ¿En qué medida valoras tus cualidades y comportamientos? Por ejemplo, en las encuestas, las personas con una alta autoestima se otorgan la máxima puntuación por su aspecto, su cerebro y su popularidad, mientras que las personas con una baja autoestima hacen la valoración contraria. (Curiosamente, ninguna de las dos evaluaciones se ajusta a lo inteligente, atractivo o popular que es alguien.)[13] Todos necesitamos un nivel básico de autoestima para sobrevivir hoy y prosperar mañana. Los esfuerzos por aumentar la autoestima pueden mejorar el rendimiento y reducir la depresión y la ansiedad.

Sin embargo, la autoestima también tiene sus inconvenientes. Como ofrece una afirmación indiscriminada que no se corresponde con los logros reales, puede fomentar el narcisismo, reducir la empatía y avivar la agresividad. Los delincuentes, por ejemplo, tienen una autoestima más alta que la población general. También puede promover una inclinación hacia el propio grupo y prejuicios hacia otros grupos.[14] Como la autoestima es comparativa, para evaluarme favorablemente debo denigrar a los demás. Estos defectos explican por qué algunos de los mejores científicos sociales de los últimos cincuenta años —entre ellos Edward Deci, Richard Ryan y el difunto Albert Bandura— llevan tiempo explorando alternativas a la autoestima.

La alternativa más poderosa y prometedora —y el segundo paso en el proceso de arrepentimiento— fue promovida hace casi veinte años por la psicóloga de la Universidad de Texas Kristin Neff. Se llama *autocompasión*.

La autocompasión surgió en parte del reconocimiento de Neff de que, cuando tropezamos o fracasamos, nos tratamos más duramente de lo que trataríamos a amigos, familiares o extraños en la misma situación. Eso es contraproducente, según ha demostrado Neff. En lugar de menospreciarnos o amonestarnos en los momentos de frustración y fracaso, es preferible que nos ofrezcamos la misma calidez y comprensión que sentiríamos por otra persona. La autocompasión comienza sustituyendo el juicio mordaz por la amabilidad elemental. No ignora nuestras meteduras de pata ni descuida nuestras debilidades. Simplemente reconoce que «ser imperfecto, cometer errores y encontrar dificultades en la vida forma parte de la experiencia humana compartida».[15] Al normalizar las experiencias negativas, las neutralizamos. La autocompasión nos anima a tomar el camino del medio al manejar las emociones negativas, sin suprimirlas, pero sin exagerarlas ni identificarnos en exceso con ellas.

La autocompasión también se puede aprender.[16] Cuando se domina, los beneficios son considerables. Las investigaciones de

Neff y otros han descubierto que la autocompasión está vinculada a un mayor índice de optimismo, felicidad, curiosidad y sabiduría,[17] así como a una mejora tanto de la iniciativa personal como de la inteligencia emocional,[18] una mayor fortaleza mental[19] y unos vínculos sociales más profundos.[20] Nos puede proteger frente a divagaciones mentales improductivas,[21] así como ayudar a los estudiantes a enfrentarse al fracaso académico.[22] También se relaciona con índices más bajos de depresión, ansiedad, estrés, perfeccionismo y vergüenza,[23] así como con la reducción de los síntomas del trastorno de estrés postraumático.[24] Un metaanálisis de 2019 de más de noventa estudios puso de manifiesto que la autocompasión puede promover una mejor salud física, incluyendo una mejor función inmune.[25]

En cierto sentido, la autocompasión aporta los beneficios de la autoestima sin sus inconvenientes. Puede aislarnos de las consecuencias debilitantes de la autocrítica, a la vez que cortocircuita la necesidad que tiene nuestra autoestima de hacernos sentir bien mediante la vanidad y la comparación.

Sus poderes son especialmente evidentes en el caso del arrepentimiento. En 2016, los psicólogos Jia Wei Zhang, ahora en la Universidad de Memphis, y Serena Chen, de la Universidad de California, Berkeley, exploraron el efecto que tiene la autocompasión al ayudar a las personas a superar y aprender de sus arrepentimientos. Los investigadores reclutaron varios cientos de participantes y les pidieron que escribieran su mayor arrepentimiento.

Luego, dividieron a los participantes en tres grupos. Los del primero se escribieron una carta hablando de su arrepentimiento «desde una perspectiva compasiva y comprensiva». El segundo se escribió una carta abordando el arrepentimiento «desde una perspectiva de validación de sus cualidades positivas (no negativas)». El tercer grupo, que sirvió de control, escribió sobre un pasatiempo del que disfrutaba.

Las personas que abordaron su arrepentimiento con autocompasión eran más propensas a cambiar su comportamiento que las que lo abordaron con autoestima. Incluso esta modesta intervención escrita llevó a las personas a planificar formas para no repetir el comportamiento objeto del arrepentimiento en el futuro, independientemente de si implicaba acción o inacción. «La autocompasión parece orientar a las personas a aceptar su arrepentimiento —escriben Zhang y Chen— y esa voluntad de permanecer en contacto con su arrepentimiento puede brindarles la oportunidad de descubrir diversas vías de mejora personal.»[26]

En el caso de un arrepentimiento como el de Cheryl, la autocompasión no significa que se autoexculpe de no haberse esforzado más por mantener la amistad. Implica que se trate con la misma gentileza con la que trataría a otra persona que se arrepintiera de una amistad rota. Significa «permanecer en contacto» con el arrepentimiento, como dicen Zhang y Chen, pero no hacer de la amistad disuelta el rasgo definitorio de su carácter. Además, implica dejar atrás expresiones como «La he cagado», que Cheryl me repitió varias veces, y reconocer lo normal, universal y humano que es su arrepentimiento.

Un enfoque autocompasivo no fomenta la autocomplacencia, como algunos podrían temer.[27] Aunque la autoflagelación parece motivadora —en especial para los estadounidenses, cuyos modelos mentales de motivación suelen comenzar con entrenadores de fútbol que aúllan, se ponen colorados y a los que les revientan las venas—, a menudo produce impotencia. La autocompasión, por el contrario, hace que las personas se enfrenten a sus dificultades y se responsabilicen de ellas, según afirman los investigadores. Como escribe Neff, «lejos de ser una excusa para la autocomplacencia, la autocompasión nos hace avanzar por las razones correctas».[28]

Así que, basándonos en la ciencia de la autocompasión, el segundo paso para transformar nuestro arrepentimiento es formularnos tres preguntas:

- Si un amigo o pariente acudiera a ti con un arrepentimiento como el tuyo, ¿tratarías a esa persona con amabilidad o con desprecio? Si tu respuesta es con amabilidad, aplícate este enfoque. Si tu respuesta es desprecio, prueba con una alternativa.

- ¿Se trata de un tipo de arrepentimiento que pueden haber sufrido otras personas, o eres la única persona que lo ha experimentado en el mundo? Si crees que tu tropiezo forma parte de la humanidad, reflexiona sobre esa creencia, pues casi siempre es cierta. Si crees que el mundo lo reserva sólo para ti, relee los capítulos 7-10.
- Eso de lo que te arrepientes, ¿representa un momento desagradable en tu vida o la define? De nuevo, si crees que vale la pena ser consciente del arrepentimiento pero no identificarse en exceso con él, estás en el buen camino. Si crees que éste constituye lo que eres, pregunta a un tercero qué piensa sobre el tema.

Estas tres preguntas, que constituyen el núcleo de la autocompasión, nos llevan al último paso del proceso.

Paso 3. Autodistanciarse: analizar y trazar una estrategia

Superficialmente, Julio César y Elmo forman una pareja poco probable. Uno fue estadista, general e historiador romano inmortalizado en una obra de Shakespeare y vivió hace más de dos mil años. El otro es un Teleñeco un poco maniático, con el pelaje rojo y la nariz naranja, cuya ciudadanía no está clara, pero cuya última dirección conocida era la de Barrio Sésamo. Sin embargo, ambos son expertos practicantes de la misma maniobra retórica: el illeísmo, una palabra elegante para hablar de uno mismo en tercera persona. Cuando Julio César describe sus hazañas en la guerra de las Galias en su libro *De Bello Gallico*, jamás utiliza el «yo» ni otros pronombres en primera persona. En cambio, elabora frases como «A través de espías, César se enteró de que la montaña estaba en posesión de sus hombres». Asimismo, cuando Elmo explica su compromiso con la vida de la mente, también desprecia la primera persona. Prefiere construcciones del tipo «¡A Elmo le encanta aprender!».

A algunas personas les molesta el illeísmo (a Daniel Pink no). Sin embargo, su existencia como estilo discursivo y narrativo ejemplifica el último paso en el proceso de arrepentimiento. Hablar de nosotros en tercera persona es una variedad de lo que los psicólogos sociales denominan *autodistanciamiento*.

Cuando nos acosan las emociones negativas, incluido el arrepentimiento, una posible respuesta es sumergirnos en ellas, enfrentarnos a la negatividad abordándola. Sin embargo, la inmersión puede atraparnos en una resaca de rumiación. Un mejor enfoque, más eficaz y duradero, es moverse en la dirección opuesta: no sumergirse, sino alejarse, y contemplar la situación como observadores imparciales, como un director de cine detrás de la cámara.

Cuando la autorrevelación alivia el peso de los remordimientos y la autocompasión replantea el objeto del arrepentimiento como una imperfección humana, no como un defecto incapacitante, el autodistanciamiento te ayuda a analizar y trazar una estrategia que te permita examinar tu pesar de forma desapasionada, sin vergüenza ni rencor, y extraer de ello una lección que pueda guiar tu comportamiento futuro.

Tomar distancia respecto de uno mismo cambia tu papel de buceador a oceanógrafo, de nadar en las turbias profundidades del arrepentimiento a navegar sobre el agua para examinar su forma y la costa que la bordea. «Las personas que toman distancia de sí mismas se centran menos en relatar sus experiencias y más en reconstruirlas de forma que les proporcionen una visión y un cierre», explican Ethan Kross, de la Universidad de Míchigan, y Özlem Ayduk, de la Universidad de California, Berkeley, dos destacados estudiosos del tema.[29] Pasar del acto inmersivo de contar al acto más distanciado de reconstruir regula nuestras emociones y redirige el comportamiento. Como resultado, el autodistanciamiento refuerza el pensamiento,[30] mejora la capacidad de resolución de problemas,[31] profundiza en la sabiduría[32] e incluso reduce la elevada presión arterial que suele acompañar a las situaciones de estrés.[33]

Podemos tomar distancia de nuestros arrepentimientos de tres maneras.

En primer lugar, podemos distanciarnos a través del espacio. El movimiento clásico se conoce, lógicamente, como la «técnica de la mosca en la pared». En vez de examinar tu arrepentimiento desde tu perspectiva —«Metí la pata al dejar que mi estrecha amistad con Jen se desmoronara y no hacer nada para arreglarlo»—, contempla la escena desde la visión de un observador neutral. «He visto a una persona dejar que una amistad importante se fuera al traste por falta de atención, pero todos cometemos errores y ella puede redimir el suyo tratando de establecer conexiones significativas, también con Jen, con más regularidad y frecuencia.»

Tal vez hayas advertido que a menudo eres mejor resolviendo los problemas de los demás que los tuyos. Como estás menos involucrado en los detalles de los demás que ellos, eres capaz de ver el panorama completo de maneras que ellos no reconocen. De hecho, Kross e Igor Grossmann, de la Universidad de Waterloo, en Canadá, han demostrado que, cuando las personas dan un paso atrás y valoran su situación como evaluarían la de los demás, cierran esta brecha perceptiva. Razonan con la misma eficacia sobre sus propios problemas que sobre los de los demás.[34] Igual de importante es que la técnica de la mosca en la pared nos ayude a soportar las críticas —facilita que no nos las tomemos como algo personal—, lo cual es esencial para transformar los arrepentimientos en instrumentos de mejora.[35] Este tipo de distanciamiento puede ser tanto físico como mental. Desplazarse a otro lugar para analizar el arrepentimiento o incluso inclinarse literalmente hacia atrás en la silla en lugar de hacia delante puede hacer que los retos parezcan menos difíciles y reducir la ansiedad al abordarlos.[36]

La segunda forma de tomar distancia respecto de uno mismo es a través del tiempo. Podemos emplear la misma capacidad de viajar en el tiempo que da origen al arrepentimiento para analizar y elaborar estrategias de aprendizaje que nos permitan aprender de éste. Por ejemplo, un estudio demostró que pedir a las personas que pensaran en cómo se sentirían en una situación negativa a diez años vista reducía su estrés y mejoraba su capacidad de resolución de problemas en comparación con la contemplación de cómo sería la situación al cabo de una semana.[37]

Visitar mentalmente el futuro —y examinar luego el arrepentimiento de manera retrospectiva— despierta un tipo de perspectiva de gran alcance similar a la técnica de la mosca en la pared. Puede hacer que el problema parezca más pequeño, transitorio y fácil de superar.[38] Cheryl, por ejemplo, podría imaginarse cómo reaccionaría al cabo de una década al echar la vista atrás para examinar su arrepentimiento. ¿Se siente mal por haber dejado que la amistad se interrumpiera durante treinta y cinco años? ¿O se siente satisfecha por haber abordado sus arrepentimientos de conexión, ya sea con Jen o con otras personas? Cuando simulamos mirar el problema de manera retrospectiva, desde los prismáticos del mañana en vez de con lupa del hoy, somos más propensos a sustituir la autojustificación por la superación.[39]

El tercer método de autodistanciamiento, como nos enseñan Julio César y Elmo, es a través del lenguaje. Kross, Ayduk y otros han llevado a cabo una investigación fascinante en la que concluyen que «los cambios sutiles en el lenguaje que las personas utilizan para referirse a sí mismas durante la introspección pueden influir en su capacidad para regular su forma de pensar, sentir y reaccionar frente al estrés».[40] Cuando abandonamos la primera persona al hablar con nosotros mismos, la distancia que se crea nos puede ayudar a reformular las amenazas como retos y a sustituir la angustia por el sentido de propósito. Por ejemplo, al tomar prestada una página de César, Grossmann y sus colegas descubrieron que hacer que las personas escribieran sobre sus retos utilizando pronombres en tercera persona como *ella*, *él* y *ellos* en lugar de pronombres en primera persona como *yo*, *me* y *mi* incrementaba su humildad intelectual y agudizaba su capacidad para resolver las dificultades.[41] Dirigirse a los arrepentidos en segunda persona —refiriéndose a uno mismo como *tú* en lugar de como *yo*— también refuerza el comportamiento de las personas y profundiza en su compromiso de mejorarlo en el futuro, según se desprende de la investigación de Sanda Dolcos y Dolores Albarracín.[42] Asimismo, el uso de lo que algunos denominan el «tú universal» —usar el «tú» para referirse a las personas en general— puede desestigmatizar las experiencias negativas y ayuda a extraerles sentido.[43]

Elmo podría ser más sabio de lo que parece. Dirigirte a ti por tu nombre tiene efectos similares. Por ejemplo, otro proyecto dirigido por Kross descubrió que, durante la epidemia de ébola de 2014, las personas a las que se les asignó el uso de su nombre en lugar del *yo*, al pensar en la enfermedad, fueron capaces de generar razones basadas en hechos para no entrar en pánico ante el brote.[44] También es importante que el autodistanciamiento a través del lenguaje no sea laborioso ni lento. Según un estudio de neuroimagen, sus efectos pueden producirse en un segundo.[45]

Por tanto, para obtener los beneficios del autodistanciamiento, prueba una de las siguientes opciones:

- Imagina que tu mejor amigo se enfrenta al mismo arrepentimiento que tú. ¿Qué lección le enseña? ¿Qué le dirías que hiciera a continuación? Sé lo más concreto que puedas. Ahora, sigue tu consejo.

- Imagina que eres un experto neutral —un doctor de la ciencia del arrepentimiento— que está analizando su arrepentimiento en una sala de examen limpia e impoluta. ¿Cuál es tu diagnóstico? Explica en términos clínicos lo que ha ido mal. A continuación, ¿qué te recetas? Ahora escríbete un correo electrónico —utiliza tu nombre de pila y el pronombre *tú*— en el que describas los pequeños pasos que debes aprender del arrepentimiento.

- Si tu arrepentimiento tiene que ver con tu negocio o tu carrera profesional, prueba la técnica del difunto director general de Intel, Andy Grove, quien, según se dice, se preguntaba: «Si fuera reemplazado mañana, ¿qué haría mi sucesor?».[46]

- Imagínate dentro de diez años como si estuvieras echando la vista atrás con orgullo para ver cómo has respondido a este arrepentimiento. ¿Qué hiciste?

Mirar atrás puede hacernos avanzar, pero sólo si lo hacemos bien. La secuencia de autorrevelación, autocompasión y autodistanciamiento ofrece una forma sencilla pero sistemática de transformar el arrepentimiento en una poderosa fuerza de estabilidad, logro y propósito.

Pero aún no hemos terminado. También es posible avanzar mirando hacia delante, previendo los arrepentimientos antes de que se produzcan.

Otras siete técnicas que no lamentarás

1. Inicia un círculo de arrepentimiento

Piensa en los círculos de arrepentimiento como si fueran primos hermanos de los clubes de lectura. Reúne cinco o seis amigos alrededor de una taza de café, de un té o de unos refrescos. Pídeles a dos que lleven preparado un arrepentimiento significativo. Deja que cuenten la historia de sus respectivos arrepentimientos. Haz que los demás los clasifiquen. (¿Es un arrepentimiento por acción o por inacción? En caso de pertenecer a una de las cuatro categorías de estructura profunda, ¿a cuál sería?) Luego, para cada arrepentimiento, el grupo debe trabajar el proceso de revelación-compasión-distancia. Cuando acabe la reunión, los dos arrepentidos se comprometerán a adoptar un comportamiento específico (por ejemplo, hablar con un jefe desagradable o invitar a salir a alguien). En la siguiente reunión, los demás preguntan a los arrepentidos si han cumplido sus respectivas promesas. A continuación, dos nuevas personas comparten sus arrepentimientos.

2. Crea un currículo de fracasos

La mayoría tenemos un currículo: un compendio de trabajos, experiencias y credenciales que demuestran a los posibles empleadores y clientes lo calificados, capaces y, en general, maravillosos que somos. Tina Seeling, profesora en prácticas de la Universidad de Standford, sostiene que también necesitamos un «currículo del fracaso», un inventario detallado y completo de aquello en lo que no hemos tenido éxito. Un currículo de fracasos nos ofrece otro método para abordar nuestros arrepentimientos. El propio acto de crearlo es revelador. Al contemplar tu currículo no como protagonista, sino como observador, puedes aprender de él sin sentirte inferior por tus errores. Hace años redacté un currículo de fracasos y traté de extraer lecciones de las muchas meteduras de pata que había protagonizado (con revelármelas a mí es suficiente, gracias). Me di cuenta de que, de forma repetida, había cometido variaciones de los mismos dos errores y ese conocimiento me ha ayudado a no cometerlos de nuevo.

3. Estudia la autocompasión

Aunque llevo veinte años leyendo investigaciones de ciencias sociales y tratando de encontrarles sentido, pocos temas me han interpelado tan poderosamente como la investigación sobre la autocompasión. Comprender la autocompasión me ayudó a frenar el exceso de autocrítica: llegué a convencerme de que regañarme, aunque era un placer masoquista, no era eficaz. La autocompasión también me ayudó a ver mis luchas idiosincráticas como comunes y solucionables. Te animo a profundizar más en este tema. Un buen punto de partida es el sitio web de Kristin Neff (<https://self-compassion.org>), donde puedes medir tus niveles de autocompasión. Su libro *Sé amable contigo mismo. El arte de la compasión hacia uno mismo* (Paidós, 2016) es excelente.

El arrepentimiento reconstruido · 201

4. Enlaza los propósitos de Año Nuevo con los arrepentimientos de Nochevieja

Un punto central de este capítulo —y de todo el libro— es que mirar atrás puede hacer que avancemos. Un modo de imprimir este principio es establecer un ritual. A finales de diciembre, el hito temporal del 1 de enero nos incita a plantearnos propósitos para el Año Nuevo. Sin embargo, antes de hacerlo, trata de poner en práctica lo que yo llamo «arrepentimientos de Nochevieja». Mira el año que está a punto de terminar y enumera tres arrepentimientos. ¿Te arrepientes de no haberte reunido con un familiar o con un antiguo colega de trabajo? ¿O de no haber puesto en marcha ese negocio? ¿O de haber dicho una mentira que comprometía tus valores? Anótalos en un papel. Haz que deshacer los arrepentimientos de acción y transformar los de inacción sean tus principales propósitos para el nuevo año.

5. Sustrae mentalmente los acontecimientos positivos

Para aliviar el dolor de un arrepentimiento, pon en práctica el famoso truco de la película de 1946 *Qué bello es vivir*. En la víspera de Navidad, George Bailey está al borde del suicidio cuando recibe la visita de Clarence, un ángel que le muestra cómo sería la vida en Bedford Falls si él no hubiera nacido. La técnica que usa se denomina «sustracción mental de eventos positivos».[47] Piensa en algo bueno que tengas en tu vida: una amistad cercana, un logro profesional, uno de tus hijos. Considera todas las decisiones e indecisiones, los errores y los triunfos que te han llevado a esa feliz situación. Ahora, bórralos. Por poner un ejemplo del capítulo anterior, en mi caso podría sustraer mentalmente el hecho de haber conocido a mi mujer. El resultado no es otro que miseria y tristeza. Sin embargo, como sucedió con George Bailey, la sustracción acrecienta mi gratitud y hace que mis arrepentimientos se vean bajo una nueva luz.

6. Participa en la World Regret Survey

Si aún no lo has hecho, envía tu arrepentimiento a <www.worldregretsurvey.com>. Plasmar por escrito tu arrepentimiento puede desarmarlo y proporcionarte la distancia necesaria para evaluarlo y planificar a partir de él. También puedes leer los arrepentimientos de otras personas, lo que proporciona una nueva perspectiva sobre nuestra humanidad compartida y puede fortalecer los músculos del arrepentimiento. A medida que leas arrepentimientos que provienen de todas partes del mundo, pregúntate: «¿Qué tipo de arrepentimiento es éste? ¿Qué consejo le daría a su autor/a para que usara su arrepentimiento de forma positiva?».

7. Adopta una mentalidad de viaje

Alcanzar nuestras metas puede aislarnos del arrepentimiento. Si después de alcanzarlas no mantenemos nuestro comportamiento —con ejercicio regular o con buenos hábitos de trabajo que nos lleven a completar el proyecto—, el arrepentimiento se abrirá paso en nuestra mente. Encontramos un antídoto para este problema en el trabajo de los profesores de la Universidad de Standford Szu-chi Huang y Jennifer Aaker, que recomiendan lo que ellos denominan «mentalidad de viaje». Huang y Aaker han descubierto que, cuando llegamos a nuestro destino —cuando hemos completado una tarea difícil e importante—, a veces nos relajamos y asumimos que nuestro trabajo ha acabado, pero no suele ser así. No te limites a saborear la meta alcanzada. Revisa los pasos que te han llevado hasta allí. Dedica menos tiempo a celebrar el destino y más a contemplar el viaje.

«Me arrepiento de haber dejado que un orientador universitario me convenciera de que no tenía lo necesario para ser médico. Ojalá hubiera creído en mí... Al menos lo habría intentado.»

Mujer, cincuenta y cuatro años, Maryland

//

«Me arrepiento de haber perdido tanto tiempo libre antes de tener hijos. Viéndolo desde el presente, NO ESTABA tan ocupado como para no aprender español, hacer ejercicio con regularidad o no esforzarme más en el trabajo para llegar a dominarlo.»

Hombre, veintinueve años, Indiana

//

«Me arrepiento de no haber sido más activa sexualmente.»

Mujer, setenta y un años, Míchigan

14

Anticipar el arrepentimiento

Vive como si ya estuvieras viviendo por segunda vez
y como si la primera vez ya hubieras obrado
tan desacertadamente como ahora.

VIKTOR FRANKL, 1946

Una mañana de 1888, Alfred Nobel encontró una sorpresa en el diario matutino. En las páginas de la publicación, negro sobre blanco a la vista de todos, había una esquela. Un periodista francés había confundido al hermano de Alfred, Ludvig, que había fallecido, con Alfred, que estaba vivito y coleando. Eran las *fake news* de la escena de *fin de siècle*.

Lo que molestó a Alfred fue cómo el titular de la necrológica resumía el trabajo de su vida: «*Le marchand de la mor est mort*» [El mercader de la muerte ha muerto].

Nobel, un sueco que hablaba cinco idiomas, era un químico ingenioso y un inventor consumado. Todos sus inventos eran objetos que explotaban: detonadores, cápsulas fulminantes y, lo más famoso, la dinamita, que patentó en la década de 1860. Construyó fábricas de dinamita por todo el mundo, lo que le hizo multimillonario, convirtiéndolo en uno de los empresarios más destacados de Europa.

Sin embargo, el obituario no contaba una historia de genio técnico y coraje empresarial. Describía un alma contaminada con un legado vergonzoso: un hombre codicioso y amoral que se había hecho tremendamente rico vendiendo a la gente herramientas para destruirse entre sí.

Ocho años después, cuando Nobel falleció, su testamento contenía una sorpresa. En lugar de dejar su fortuna a su familia, su herencia estableció una serie de premios para «aquellos que, durante el año anterior, hayan conferido el mayor beneficio a la humanidad»: los premios Nobel.

Según cuenta la leyenda, el estímulo para este gesto fue aquella esquela prematura.[1] Nobel vislumbró su futuro y lamentó lo que vio. Anticipándose a este arrepentimiento, cambió su conducta para evitarlo.

Así como los dos capítulos anteriores trataban el arrepentimiento a través del espejo retrovisor, éste trata el arrepentimiento a través del parabrisas. El arrepentimiento es una emoción retrospectiva. Surge cuando echamos la vista atrás. Pero también podemos utilizarla de forma prospectiva y proactiva: mirar hacia el futuro, predecir lo que lamentaremos y reorientar nuestro comportamiento en función de nuestra previsión. A veces este enfoque nos señala hacia una dirección prometedora. Otras, puede llevarnos por el mal camino. Pero, si entendemos tanto el lado bueno como el malo de anticipar el arrepentimiento, podemos perfeccionar nuestra estrategia para alcanzar una buena vida.

El lado positivo de la anticipación

Como la mayoría de las grandes instituciones de investigación, la Universidad Duke cuenta con un amplio sistema de bibliotecas que sirve a sus estudiantes, profesores y personal. Y como la mayoría de las organizaciones, las bibliotecas de la Universidad Duke quieren saber lo que piensan sus clientes y miembros de sus ofertas. Para evaluar la opinión y recoger los comentarios, la BUD solía recurrir a encuestas que enviaba a su comunidad por correo electrónico. No obstante, se enfrentaba a un eterno problema: la mayoría de la gente no se molestaba en rellenar esos cuestionarios.

Por tanto, los astutos bibliotecarios de Duke idearon un plan: un sencillo experimento que arroja luz sobre el arrepentimiento anticipado.

En 2016, La BUD envió una encuesta a la mitad de los seis mil estudiantes universitarios de Duke. Si la completaban y la devolvían, entrarían en el sorteo de una tarjeta regalo de 75 dólares.

Los otros tres mil estudiantes también recibieron un correo electrónico con la encuesta. Sin embargo, las reglas eran diferentes. Todos entrarían en el sorteo de una tarjeta regalo de 75 dólares, pero si los organizadores sacaban el nombre de alguien y éste no había completado la encuesta, no tendría derecho al premio y los organizadores seleccionarían otro nombre.

¿Qué enfoque arrojó un mayor número de respuestas a la encuesta?

Ni siquiera se acercaron. Al cabo de una semana, sólo un tercio de los alumnos del primer grupo había completado la encuesta, frente a los dos tercios de los estudiantes del segundo.[2] El primer caso fue un sorteo a la antigua usanza. El segundo fue lo que los economistas del comportamiento llaman una «lotería del arrepentimiento».

Las loterías del arrepentimiento son una forma de que los arrepentimientos anticipados puedan alterar nuestro comportamiento. Como en cualquier lotería, debo seguir unas normas para participar; en el ejemplo de Duke, había que rellenar el cuestionario y devolverlo. Si yo no lo hago y alguien que lo hace acaba ganando, puede que me sienta un tanto desanimado (suponiendo que me entere), pero, como las probabilidades son escasas y mi inversión emocional es casi inexistente, es poco probable que me sienta fatal.

Sin embargo, con la lotería del arrepentimiento evalúo mi decisión de otra forma. Si los organizadores sacan mi nombre y no he completado la encuesta, me arrepentiré. Puedo imaginarme un futuro en el que gane el premio, pero la tarjeta regalo me sea arrebatada por mi estupidez, pereza o falta de esfuerzo. Si me anticipo a esa sensación de hundimiento, procederé como los dos tercios de esos Blue Devils[3] y cumplimentaré el cuestionario.

Las loterías del arrepentimiento han servido para cambiar el comportamiento en muchos ámbitos.⁴ Aprovechan una peculiaridad cognitiva similar a la «aversión a la pérdida». Solemos considerar que el dolor de perder algo es mayor que el placer de ganar algo equivalente, por lo que hacemos esfuerzos extraordinarios (y a menudo irracionales) para evitar las pérdidas. «Las pérdidas pesan más que las ganancias», reza el dicho.⁵ Del mismo modo, cuando anticipamos nuestras emociones, el arrepentimiento es mayor que la satisfacción. En muchas situaciones, el dolor potencial del arrepentimiento supera la potencial ganancia de la alternativa.

A menudo, eso puede jugar a nuestro favor. Anticipar los arrepentimientos ralentiza el pensamiento. Aplica frenos cerebrales, dándonos tiempo para recabar información adicional y reflexionar antes de decidir qué hacer. El arrepentimiento anticipado es especialmente útil para superar los arrepentimientos por inacción.

Por ejemplo, durante la pandemia de coronavirus, el mayor factor de predicción de los adultos jóvenes que se sometieron a la prueba de la COVID-19 fue el arrepentimiento que dijeron que sentirían por no haber actuado —si evitaban la prueba y luego transmitían accidentalmente el virus a otra persona—, según se desprende de un estudio de 2021 efectuado por Russel Ravert, de la Universidad de Misuri, Linda Fu, del Hospital Nacional Infantil de Washington, DC, y Gregory Zimet, de la Facultad de Medicina de la Universidad de Indiana.⁶

Otro estudio de 2021, realizado por Katharina Wolff, de la Universidad de Bergen, Noruega, descubrió un efecto similar respecto a las vacunas de la COVID-19. El arrepentimiento anticipado de no vacunarse, y de poner en peligro a uno mismo y a los demás, fue una fuerza más poderosa para incitar a las personas a vacunarse que factores como lo que habían decidido hacer los compañeros y familiares de los participantes.⁷

Cuando imaginamos lo mal que podríamos sentirnos en el futuro si en el presente no actuamos bien, esa emoción negativa —que simulamos en lugar de experimentarla— puede mejorar nuestro comportamiento. Un metaanálisis de 2016 de 81 estudios con 45.618 participantes descubrió que el «arrepentimiento anticipado se asociaba a una amplia gama de comportamientos saludables».[8] Por ejemplo, un prestigioso estudio británico realizado por Charles Abraham, de la Universidad de Sussex, y Paschal Sheeran, de la Universidad de Sheffield, demostró que las personas a las que se les pedía que aceptasen la sencilla afirmación «Si no hiciera ejercicio al menos seis veces en las próximas dos semanas, me arrepentiría», acababan haciendo más ejercicio que las que no tenían el arrepentimiento en mente.[9]

Un montón de estudios realizados en los últimos quince años han demostrado que el arrepentimiento anticipado también puede incitarnos a comer más fruta y verdura,[10] vacunarnos contra el VPH,[11] ponernos la vacuna de la gripe,[12] usar preservativo,[13] buscar más información sobre nuestra salud,[14] identificar signos tempranos de cáncer,[15] conducir con cuidado,[16] hacernos una exploración cervical,[17] dejar de fumar,[18] reducir el consumo de alimentos procesados[19] e incluso reciclar más.[20]

Anticipar el arrepentimiento ofrece una buena herramienta para juzgar. En situaciones en las que no estés seguro de tu próximo movimiento, pregúntate: «¿En el futuro me arrepentiré de esta decisión si no hago X?». Responde. Aplica la respuesta a tu situación actual. Este enfoque es la base de la popularidad —pequeña, pero creciente— de las «fiestas de obituarios», en las que la gente canaliza el Alfred Nobel que lleva dentro, redacta su obituario y utiliza esos escritos para informar sobre los años que le quedan.[21] Es también la idea impulsora de los *pre mortem*. En esta técnica de gestión, los equipos de trabajo viajan mentalmente al futuro antes del inicio de un proyecto para imaginar un escenario de pesadilla en el que todo salga mal, por ejemplo, que el proyecto se exceda en el tiempo o en el presupuesto o que ni siquiera llegue a realizarse. A continuación, utilizan esas ideas para evitar los errores antes de que se produzcan.[22]

Si hay una persona que encarne este enfoque en el trabajo y en la vida —el depredador supremo de la cadena alimentaria del arrepentimiento anticipado—, es Jeff Bezos, uno de los hombres más ricos del mundo gracias a fundar Amazon, una de las compañías más grandes del planeta. Actualmente es dueño de *The Washington Post*. Sin embargo, en el ámbito de nuestra emoción más incomprendida, es más conocido por un concepto que él denomina «marco de minimización del arrepentimiento».

A principios de los años noventa, Bezos trabajaba en la banca cuando concibió una empresa que vendería libros a través de una tecnología novedosa llamada World Wide Web. Cuando le comunicó a su jefe que tenía la intención de dejar su altamente remunerado trabajo, éste le instó a que se lo pensara unos días antes de tomar la decisión.

Como ingeniero informático, Bezos quería una forma sistemática de analizar su decisión, una especie de algoritmo para llegar a una conclusión sólida. Y lo consiguió. Como explicó en una entrevista de 2001:

> Quería proyectarme a los ochenta años y decir: «Bien, ahora voy a echar un vistazo a mi vida. Espero haber minimizado mi número de arrepentimientos». Sabía que, a los ochenta años, no me iba a arrepentir de haberlo intentado. No me iba a arrepentir de haber intentado participar en esta cosa llamada *internet* que creía que iba a ser algo realmente grande. Sabía que no me iba a arrepentir si fracasaba, sino de no haberlo intentado. Sabía que eso me perseguiría todos los días de mi vida y ese pensamiento hizo que fuera una decisión increíblemente fácil.[23]

Bezos se anticipó a un arrepentimiento de audacia y luego hizo que evitarlo en el futuro fuera el impulso de su comportamiento en el presente. El marco de minimización del arrepentimiento fue para él un movimiento inteligente y constituye un modelo mental útil para el resto. Como hemos visto, anticiparse a nuestros arrepentimientos puede mejorar nuestra salud, hacernos multimillonarios y ayudarnos a ganar el afecto de los bibliotecarios universitarios que distribuyen encuestas. Es una medicina poderosa.

Con todo, debería llevar una etiqueta de advertencia.

El lado negativo de la anticipación

Para entender cómo los arrepentimientos anticipados pueden jugarnos malas pasadas, permíteme que te invite a viajar en metro, a comprar un microondas, a cambiar un billete de Powerball[24] y a hacer un examen estándar.

Imagina que en la hora punta de la mañana corres a coger el metro para ir al trabajo. De camino a la estación, se te desata el zapato porque, con las prisas, te lo has atado mal. Encuentras una acera vacía, te paras un minuto, te atas bien el zapato y sigues adelante. Cuando llegas al andén, ves cómo se aleja el metro. ¡Mierda! Si no te hubieras parado a atarte los cordones, habrías llegado a tiempo.

¿Cuánto lamentarías haber perdido el metro por un minuto?

Y otra pregunta: ¿cuánto lo lamentarías si hubieras perdido el tren por cinco minutos?

Según Daniel Gilbert, de la Universidad de Harvard, que dirigió a un grupo de investigadores que llevó a cabo experimentos sobre esta cuestión en una estación de metro de Cambridge (Massachusetts), la mayoría de las personas prevén que sufrirán un arrepentimiento mucho mayor por el retraso de un minuto que por el de cinco. En realidad, la cantidad de arrepentimiento que la gente soporta es más o menos la misma en ambas situaciones y resulta que no es tanto.

Uno de los problemas de utilizar los arrepentimientos anticipados como herramienta para tomar decisiones es que somos bastante malos a la hora de predecir la intensidad y la duración de nuestras emociones.[25] Y somos especialmente ineptos para predecir el arrepentimiento. A menudo sobrestimamos lo mal que nos sentiremos y subestimamos nuestra capacidad para sobrellevar o templar nuestros sentimientos recurriendo a los «Al menos». Como escriben Gilbert y sus colegas, el arrepentimiento anticipado «puede ser un poco el hombre del saco, que parece más grande de lo que es en la realidad». Somos como meteorólogos torpes que siguen prediciendo (mal) la lluvia. Por consiguiente, los investigadores afirman que «quienes deciden pagar para evitar futuros arrepentimientos pueden estar comprando un seguro emocional que en realidad no necesitan».[26]

Sobreestimar el arrepentimiento tiene otra consecuencia: puede nublar nuestras decisiones. Pongamos por caso que, después de esperar unos minutos, has cogido el siguiente metro y has llegado puntual al trabajo. Después de una mañana productiva, te tomas un descanso para comer y te diriges a una tienda de electrónica cercana para comprar un microondas de sobremesa para tu apartamento. Tras una breve conversación con el vendedor, reduces las opciones a dos.

Ambos microondas son del mismo tamaño, tienen la misma potencia y ofrecen las mismas prestaciones. Parecen idénticos, salvo en dos aspectos. El primero es de una marca conocida; el segundo, de marca blanca. El primer microondas cuesta 149 dólares; el segundo, 109 dólares.

¿Cuál eliges?

Cuando Itamar Simonson, de la Universidad de Stanford, llevó a cabo un experimento de este tipo, descubrió que los consumidores se dividían al 50 por ciento. La mitad elegía la marca cara; la otra mitad, la marca barata.

Pero entonces introdujo una variable. Les dijo a los compradores que, poco después de tomar su decisión, les revelaría la valoración de las dos opciones por parte de una revista de consumo independiente. Con esa promesa en el aire, los compradores se mostraron cautelosos. Más personas —dos tercios, de hecho— eligieron el de marca. La gente preveía un mayor arrepentimiento si se apartaba del *statu quo* (optar por la marca reconocida) y luego se enteraba de que había sido una decisión equivocada.[27] Así que, para evitar esa desagradable sensación, los compradores fueron sobre seguro. Se preocuparon menos de la elección inteligente y trataron de tomar la elección que menos lamentaran. Y éstas no siempre coinciden.

A veces, anticipar el arrepentimiento puede alejarnos de la mejor decisión y dirigirnos hacia la que más nos blinda frente al arrepentimiento, como descubrirás en cuanto vuelvas a la oficina.

Al salir de la tienda de electrónica, compras un billete de un dólar para el sorteo de 80 millones de dólares de la Powerball de mañana por la noche. Yo también he comprado un billete de la Powerball. Decido hacer un trato. Te cambio mi billete por el tuyo y encima te doy tres dólares por él.

¿Aceptarías?

Por supuesto, deberías. Y, por supuesto, no lo harás.

Ambos tienen las mismas posibilidades de ganar. Si me lo cambias, tus probabilidades de ganar la Powerball siguen siendo idénticas y extremadamente remotas. Pero ahora tendrás tres dólares más que antes. ¡No hay mucho que pensar!

Sin embargo, en los experimentos de laboratorio, más de la mitad de las personas se resisten a tales ofertas, pues resulta fácil imaginar el arrepentimiento que sentirían si hubieran cambiado el billete ganador.[28] Cuando los experimentadores colocan el billete de lotería en un sobre cerrado —para que no pueda ver sus números originales y no sepa si tiene el billete ganador—, las personas están más dispuestas a este tipo de intercambio.[29]

En el caso Powerball, y en muchos otros, minimizar el arrepentimiento no es lo mismo que reducir el riesgo. Si no nos anticipamos correctamente, acabamos eligiendo la opción que minimiza el arrepentimiento en lugar de la que minimiza el riesgo. A veces, eso significa no tomar decisión alguna. La aversión al arrepentimiento puede conducir a la aversión a la decisión, según demuestran numerosos estudios.[30] Si nos centramos en lo que lamentaremos, podemos bloquearnos y decidir no decidir. Del mismo modo, en estudios sobre negociación, centrarse demasiado en el arrepentimiento anticipado estanca el progreso. Hace que los negociadores tengan aversión al riesgo y sean menos propensos a llegar a un acuerdo.[31]

Tu jornada laboral se acerca a su fin, pero tus obligaciones no. Como eres un tipo ambicioso, también estás estudiando para obtener una licencia de agente inmobiliario, además de mantener tu trabajo actual. Esta noche es tu primer examen: ochenta preguntas de opción múltiple.

Te bebes de un trago una taza de café y entras en el examen. Tienes dos horas para completarlo. Todo va bien. Avanzas con paso firme por las preguntas, marcas las respuestas en el formulario. De repente, algo te viene a la cabeza.

«En la pregunta 23, he elegido la opción B, pero ahora creo que la C también podría ser correcta.»

¿Vuelves a esa pregunta, borras tu respuesta original y marcas la nueva opción? ¿O te aferras a tu primera intuición?

En todos los niveles de escolarización y formación profesional, los consejos que ofrecen los expertos son los mismos En las encuestas, la mayoría de los profesores universitarios sugieren que te quedes con tu intuición inicial, puesto que cambiar las respuestas suele perjudicar las calificaciones de los estudiantes. Los asesores académicos de la Universidad de Penn State coinciden: «La primera corazonada suele ser la correcta. No cambies una respuesta a menos que estés muy seguro del cambio». La empresa The Princeton Review, que se dedica a preparar a los estudiantes para todo tipo de pruebas estandarizadas, advierte: «La mayoría de las veces hay que dejarse llevar por el instinto, en lugar de pensar demasiado las respuestas. ¡Muchos estudiantes acaban cambiando la respuesta correcta por la incorrecta!».[32]

La sabiduría convencional es sencilla: aférrate a tu instinto y no cambies la respuesta.

La sabiduría convencional también es errónea. Casi todos los estudios realizados sobre el tema han demostrado que, cuando los estudiantes cambian las respuestas en los exámenes, es más probable que pasen de una respuesta incorrecta a una correcta (¡Bien!) que de una respuesta correcta a una incorrecta (¡Oh!). Los alumnos que cambian sus respuestas suelen mejorar su puntuación.[33]

Entonces, ¿por qué perdura este consejo erróneo?

El arrepentimiento anticipado distorsiona nuestro juicio.

En 2005, Justin Kruger, psicólogo social que actualmente trabaja en la Universidad de Nueva York, junto con Derrick Wirtz, ahora en la Universidad de Columbia Británica, y Dale Miller, de la Universidad de Stanford, examinaron las correcciones de más de mil quinientos exámenes de psicología realizados por estudiantes de la Universidad de Illinois, donde Kruger y Wirtz impartían clases. En consonancia con investigaciones anteriores, los cambios de la respuesta incorrecta a la correcta eran dos veces más frecuentes que los cambios de la correcta a la incorrecta.

Sin embargo, cuando los investigadores preguntaron a los estudiantes de qué se arrepentirían más — «de cambiar cuando debería haberme mantenido» o «de mantenerme en mis trece cuando debería haber cambiado»—, las respuestas fueron reveladoras. El 60 por ciento de los estudiantes anticipó que se arrepentiría más de haber cambiado de respuesta. El 26 por ciento dijo que le daría igual. Absolutamente ninguno preveía un mayor arrepentimiento por quedarse con su respuesta inicial.

Kruger, Wirtz y Miller lo llaman la «falacia del primer instinto» y surge de un arrepentimiento anticipado que ha salido mal. «Equivocarse en un problema por ir en contra del primer instinto es más memorable que equivocarse en un problema por no ir en contra del primer instinto —escriben—. El arrepentimiento que genera el cambio de respuesta es suficiente para que la desgracia de haber errado la pregunta parezca casi trágica.»[34] Acosados por el espectro prospectivo del «Si sólo», erramos. Tú también. Como no has cambiado la respuesta, no has pasado el examen y debes volver a presentarte. Si sólo hubieras sabido antes de esta investigación...

El arrepentimiento anticipado —AA— puede hacernos mejores, pero, como tu accidentado día pone de manifiesto, antes de tomar este medicamento, lee la etiqueta.

ADVERTENCIA
El arrepentimiento anticipado puede causar paralisis en la toma de decisiones, aversión al riesgo, falacias del primer instinto y peores notas.

Como fármaco universal, el arrepentimiento anticipado tiene algunos efectos secundarios, pero ése no es su único problema.

Herber Simon es una de las casi mil personas que han ganado el premio que lleva el nombre del arrepentido magnate de la dinamita que hemos visto antes en este capítulo. Simon fue un magistral científico social que dio clase en la Universidad Carnegie Mellon durante cincuenta años. Sus contribuciones intelectuales abarcan múltiples campos, como la ciencia política, la psicología cognitiva y la inteligencia artificial, pero tal vez su mayor legado fue impulsar el campo de la economía de modo que tuviera en cuenta la dimensión humana en sus análisis.

En el mundo anterior a Simon, los modelos económicos dominantes daban por sentado que, cuando las personas tomaban decisiones, sus preferencias eran estables y tenían toda la información que necesitaban, por lo que siempre trataban de maximizar sus resultados. En todos los casos y en todo momento, tratamos de comprar al precio más bajo, vender al precio más alto y maximizar incesantemente nuestras ganancias.

Simon convenció a los profesionales de la economía de que esta suposición, aunque exacta en algunos casos, no siempre era correcta. Nuestras preferencias a veces cambian. Al depender de una serie de factores, a menudo carecemos de la información necesaria para tomar la decisión ideal. Además, buscar la mejor oferta en todos los ámbitos de nuestra vida puede ser agotador. En muchas ocasiones, no nos preocupamos lo bastante por encontrar la opción perfecta —el techador ideal, la mejor hamburguesa de comida rápida— y estamos dispuestos a conformarnos con lo que nos parece suficientemente bueno.

A veces maximizamos, explicaba Simon. Otras, «satisfacemos».[35] Si esto era cierto —y los análisis del comportamiento de las personas así lo demostraron—, los modelos tenían que cambiar —y lo hicieron—. En 1978, Simon ganó el Premio Nobel de Ciencias Económicas por su trabajo.

Tuvo que pasar un tiempo para que los psicólogos empezaran a explorar las consecuencias emocionales de los dos enfoques respecto de la toma de decisiones de Simon. Pero ese momento llegó en 2002, cuando seis científicos sociales, liderados por Barry Schwartz y Andrew Ward, del Swarthmore College, desarrollaron una escala de personalidad que medía la propensión del individuo a maximizar o satisfacer. Mediante diecisiete preguntas, pudieron identificar qué personas perseguían estándares ideales (los maximizadores) y quiénes seleccionaban más a menudo lo que cumplía cierto umbral de aceptabilidad (los satisfactores).

Tras administrar su escala de maximización a más de mil setecientos participantes, relacionaron los resultados con su grado de bienestar. Entonces, los investigadores se encontraron con una sorpresa. La mayoría eran desgraciados. Los maximizadores declararon «una satisfacción vital, una alegría y un optimismo significativamente menores», así como una depresión significativamente mayor que los satisfactores.[36]

Cuando los científicos trataron de explicar el origen de la infelicidad, identificaron al principal culpable: «la mayor sensibilidad de los maximizadores al arrepentimiento, tanto experimentado como anticipado». Los maximizadores se arrepentían de todo en todo momento. Antes de tomar sus decisiones. Después de elegir. Mientras tomaban decisiones. Sea cual fuere la situación, siempre imaginaban la posibilidad de algo mejor de haber actuado de otra manera.[37] Sin embargo, este tipo de contrafactuales ascendentes no desencadenaron el productivo arrepentimiento de «sentir es para pensar». Atrapaban a la gente en el rumiante arrepentimiento de «sentir es para sentir». En su esfuerzo por maximizar la felicidad, casi siempre acababan pulverizándola.

Y ahí radica el problema. La viga que se tambalea en el marco de minimización del arrepentimiento de Bezos es el hecho de que tratar constantemente de anticipar y minimizar nuestros arrepentimientos puede convertirse en una forma de maximización insana. Aplicar este marco en todo momento y en todos los ámbitos de la vida es una receta para la desesperación.

¿Cómo entonces conciliar estas corrientes contrarias para obtener los beneficios del arrepentimiento anticipado sin quedar atrapado en su corriente descendente?

La solución es concentrar nuestras aspiraciones.

Optimizar el arrepentimiento

Nuestro objetivo no debe ser siempre minimizar el arrepentimiento. Ha de ser optimizarlo. Al combinar la ciencia del arrepentimiento anticipado con la nueva estructura profunda del arrepentimiento, podemos perfeccionar nuestro modelo mental.

Lo llamaremos el «marco de optimización del arrepentimiento».

Este marco revisado se basa en cuatro principios:

- En muchas circunstancias, anticipar nuestros arrepentimientos puede conducir a un comportamiento más saludable, a elecciones profesionales más inteligentes y a una mayor felicidad.
- Sin embargo, cuando anticipamos nuestros arrepentimientos, a menudo los sobreestimamos, comprando un seguro emocional que no necesitamos y distorsionando así nuestras decisiones.
- Si vamos demasiado lejos, si maximizamos la minimización del arrepentimiento, podemos empeorar nuestra situación.
- A su vez, personas de todo el mundo expresan sistemáticamente los mismos cuatro arrepentimientos principales. Éstos perduran. Revelan necesidades humanas fundamentales. Y, juntos, ofrecen un camino hacia la buena vida.

El marco de optimización del arrepentimiento sostiene que deberíamos dedicar tiempo y esfuerzo a anticipar los cuatro arrepentimientos principales: los de base, los de audacia, los morales y los de conexión. Sin embargo, anticiparse a arrepentimientos que no entran en estas cuatro categorías no suele merecer la pena.

Así, según el marco de optimización del arrepentimiento, al decidir un curso de acción, pregúntate si te enfrentas a uno de los cuatro arrepentimientos principales.

Si no es el caso, date por satisfecho. Por ejemplo, si vas a comprar muebles de jardín o un microondas, es poco probable que esa decisión implique una necesidad humana fundamental y duradera. Elige y sigue adelante. Estarás bien.

Si la decisión tiene que ver con uno de los cuatro grandes, dedica tiempo a deliberar. Proyéctate en un futuro: a cinco o diez años vista, a los ochenta años, lo que consideres. Desde ese punto de vista futuro, pregúntate qué elección te ayudará a construir una base sólida, a asumir un riesgo sensato, a hacer lo correcto o a mantener una conexión significativa. Anticípate a esos arrepentimientos. Luego elige la opción que más los reduzca. Utiliza este marco varias veces y empezarás a ver su poder.

Nuestra vida cotidiana se compone de cientos de decisiones, algunas de ellas cruciales para nuestro bienestar; otras, intrascendentes. Entender esta distinción puede marcar la diferencia. Si sabemos de qué nos arrepentimos, sabremos qué valoramos. El arrepentimiento —esa emoción enloquecedora, desconcertante e innegablemente real— señala el camino hacia una vida bien vivida.

QUÉ HACER CON TUS ARREPENTIMIENTOS. RECAPITULACIÓN

Para un arrepentimiento de acción

1. **Deshazlo.** Pide disculpas, enmiéndalo o trata de reparar el daño.
2. **Relativízalo.** Encuentra el lado positivo: piensa en cómo la situación podría haber empeorado y agradece que no lo haya hecho.

Para cualquier arrepentimiento (de acción o inacción)

1. **Autorrevelación.** Revive y alivia el arrepentimiento contándoselo a otros —admitirlo lo aclara todo— o escribe sobre él en privado.
2. **Autocompasión.** Normaliza y neutraliza el arrepentimiento tratándote como tratarías a un amigo.
3. **Autodistanciamiento.** Analiza y traza un estrategia sobre las lecciones que has aprendido del arrepentimiento, alejándote en el tiempo, en el espacio o a través del lenguaje.

Para usar los arrepentimientos anticipados en tu toma de decisiones

1. **Satisface la mayoría de las decisiones.** Si no se trata de uno de los cuatro arrepentimientos principales, toma una decisión, no lo pienses dos veces y sigue adelante.
2. **Maximiza las decisiones más importantes.** Si te enfrentas a uno de los cuatro arrepentimientos, proyéctate a un momento concreto del futuro y pregúntate qué elección te ayudará a construir una base sólida, a asumir un riesgo sensato, a hacer lo correcto o a conectar con los demás.

«Lamento no haber sido más valiente y no haber hecho más para defender nuestra democracia.»

Mujer, ochenta y dos años, Pensilvania

//

«Me arrepiento de no haber sido más amable con la gente. A menudo me preocupaba más por tener "razón" que por ser amable.»

Hombre, cuarenta y un años, Reino Unido

//

«Lamento no haber ido a ver a Prince en concierto por tener clases nocturnas. Toneladas de noches de clase frente a una de Prince. Estúpida elección.»

Mujer, cincuenta y ocho años, Colorado

Coda

Arrepentimiento y redención

Cuando revisé por primera vez los datos del American Regret Project, me fijé en un par de conclusiones que me inquietaban.

Recuerda que el prerrequisito para experimentar el arrepentimiento es la capacidad de actuar, es decir, de ejercer cierta medida de control sobre ciertos aspectos de nuestra vida. Me pregunté si las personas de mi muestra tenían esta sensación de dominio sobre sus elecciones y acciones, es decir, si creían que tenían libre albedrío o si, por el contrario, pensaban que no estaban al mando, que su vida se desarrollaba como parte de un plan más amplio que escapaba a su control.

Planteé ambas preguntas.

Se lo pregunté a nuestros 4.489 encuestados: «¿Crees que las personas tienen libre albedrío, que controlan sus decisiones y elecciones?».

Una gran mayoría —el 82 por ciento— respondió afirmativamente: «Sí».

Un punto para la voluntad personal.

En otra parte de la encuesta, también pregunté: «¿Crees que la mayoría de lo que nos sucede en la vida pasa por una razón?».

Una gran mayoría —el 78 por ciento— también respondió «Sí».

Un punto para el destino.

Digamos que el juego termina en empate. Y con un nudo conceptual.

Al superponer las respuestas a ambas preguntas, los resultados fueron desconcertantes. Sólo el 5 por ciento de los participantes de la muestra estaban en desacuerdo con ambas proposiciones. Esas personas manifestaron que no tenían libre albedrío y que los acontecimientos no sucedían por una razón. Llamemos a esta pequeña cohorte *nihilistas*.

Por otro lado, el 10 por ciento creía ejercer el libre albedrío y rechazaba la idea de que los acontecimientos suceden por algo. Llamemos a este grupo *individualistas*. Y otro 10 por ciento sostenía la opinión contraria, que el libre albedrío era un mito y que todo sucedía por un motivo. Estos son los *fatalistas*.

Sin embargo, el grupo más numeroso con diferencia —tres de cada cuatro estadounidenses encuestados— sostenía tanto que tenemos libre albedrío como que la mayoría de los acontecimientos suceden por algo, creencias que parecen contradecirse.

¿Cómo llamamos a este desconcertante grupo?

Pensé en ello un buen rato. Tras considerarlo cuidadosamente, el nombre que elegí para ellos no es sino el de... *humanos*.

Abre el capó del arrepentimiento y verás que el motor que lo impulsa es la narración. Nuestra capacidad de arrepentirnos depende de la capacidad de nuestra imaginación para viajar atrás en el tiempo, reescribir los acontecimientos y crear un final más feliz que el del borrador original. Nuestra capacidad de responder ante el arrepentimiento, de movilizarlo para el bien, depende de nuestras habilidades narrativas: desvelar la historia, analizar sus componentes y elaborar y reconstruir el siguiente capítulo.

El arrepentimiento depende de la narración. Y eso nos plantea una pregunta: en estas historias, ¿somos el creador o el personaje, el dramaturgo o el intérprete?

Como me dijeron los encuestados —con respuestas aparentemente contradictorias y sorprendentemente humanas a mis lógicas preguntas—, somos ambas cosas. Si nuestra vida son las historias que nos contamos, el arrepentimiento nos recuerda que tenemos un doble papel. Somos tanto los autores como los actores. Podemos dar forma a la trama, pero no del todo. Podemos desechar el guión, pero no siempre. Vivimos en la intersección del libre albedrío y las circunstancias.

Dan McAdams, un psicólogo de la Universidad del Noroeste, sostiene desde hace tiempo que las personas forjan su identidad a través de historias. Según sus investigaciones, dos narrativas prototípicas se disputan la primacía cuando tratamos de dar sentido a nuestra existencia. Una es la que él llama «secuencia de contaminación», en la que los acontecimientos van de lo bueno a lo malo. La otra es la que denomina «secuencia de redención», en la que los acontecimientos van de lo malo a lo bueno.[1]

McAdams ha descubierto que las personas cuyas identidades implican narrativas de contaminación tienden a ser infelices en su vida personal y mediocres en sus profesiones. En cambio, las personas con narrativas arraigadas en la redención son todo lo contrario. Suelen sentirse más satisfechas y realizadas, y califican su vida como significativa.

El arrepentimiento nos ofrece la última narrativa de redención. Es tan poderoso y fortalecedor como cualquier emoción positiva. Pero llega a nuestra puerta disfrazado.

Basta con preguntárselo a Cheryl Johnson.

El remordimiento que albergaba por haber perdido el contacto con su íntima amiga Jen siguió atormentándola tanto que, una mañana de mayo de 2012, superó su vergüenza y decidió enviarle un correo electrónico.

«Imagino que te parecerá raro recibir noticias mías después de tanto tiempo», empezaba el mensaje.

Aunque llevaban veinticinco años sin saber nada la una de la otra, Jen respondió en cuestión de horas. Las dos amigas decidieron celebrar un almuerzo virtual para restablecer el contacto.

«Finalmente pude decirle que sabía que había cometido un error —me contó Cheryl después de aquel almuerzo— y lo mucho que lamentaba haber dejado pasar tantos años sin saber de nuestras vidas.»

¿La respuesta de Jen?

«Pero todavía nos quedan unos cuantos.»

Si pensamos en el arrepentimiento de esta manera —si miramos atrás para avanzar, aprovechamos lo que podemos controlar y dejamos de lado lo que no, y elaboramos nuestras propias historias de redención—, puede ser liberador.

Para mí lo ha sido.

Una de las cosas que más lamento es no haber sido más amable con la gente cuando era joven. No sé si sucedió por alguna razón, pero sé que podré encontrarla en el recuerdo. Ahora intento (no siempre con éxito) hacer de la amabilidad una de mis prioridades.

También lamento los momentos de deshonestidad que, si bien no fueron catastróficos, permanecen grabados en mi memoria. Ahora trato de no colocar nuevos asuntos en esas estanterías mentales y me esfuerzo por hacer lo correcto.

Me arrepiento de algunas decisiones educativas y profesionales que tomé, pero ahora me culpo menos de esos errores y utilizo las lecciones que aprendí como guía para el resto de mi vida y como base para los consejos que ofrezco a los demás.

Me arrepiento de no haber forjado relaciones más estrechas con amigos, mentores y colegas. Ahora me esfuerzo más por llegar a ellos.

Me arrepiento de no haber asumido más riesgos empresariales y creativos, de no haber sido más audaz pese a poder permitírmelo y desearlo tanto. Ahora … estoy alerta.

Tras años inmerso en la ciencia y la experiencia de nuestra emoción más incomprendida, he descubierto sobre mí lo mismo que sobre los demás. El arrepentimiento me hace humano. El arrepentimiento me hace mejor. El arrepentimiento me da esperanza.

Agradecimientos

De lo que seguro que no me arrepiento es de tener tanta gente increíble a mi lado. Mi especial agradecimiento a:

Jake Mirrissey por sus sabias (y muy necesarias) revisiones estructurales del libro, por sus elegantes retoques a mi poco refinada prosa y por nuestras conversaciones regulares, que siempre fueron un punto de luz durante los oscuros días de pandemia.

El equipo Riverhead, en especial a Ashley Garland, Lydia Hirt, Geoff Kloske, Jynne Dilling Martin y Ashley Sutton, por poner sus cerebros y energías al servicio de todos mis proyectos.

Rafe Sagalyn, extraordinario agente literario, por sus sabios consejos para este libro y por nuestra colaboración de veinticinco años en todas mis obras.

Las dieciséis mil personas que completaron la Wold Regret Survey, las casi cinco mil cuyas opiniones formaron el American Regret Project y las más de cien que se sentaron para hacer entrevistas (casi todas virtuales) sobre asuntos reales.

Joseph Hinson, Nathan Torrence y Josh Kennedy, junto con el equipo de Qualtrics, por crear la World Regret Survey y hacerla poderosa y fácil de usar.

Fred Kofman por arrancar mi atascado coche mental con unos cuantos empujones de ánimo.

Cameron French por, una vez más, encontrar hechos, arreglar ficciones y ser la navaja suiza de las habilidades de investigación.

Tanya Maiboroda, por ofrecer una vez más gráficos de primera pese a contar con instrucciones de turista.

Sophia Pink, por sus habilidades cuantitativas de primer nivel y por desenterrar brillantes pepitas de conocimiento sepultadas en fangosos montones de datos.

Eliza Pink y Saul Pink, por su elocuente ejemplo de cómo acabar con fuerza —en la universidad y en el instituto— en condiciones poco favorables.

Jessica Lerner, por todo.

Notas

1. El demoledor sinsentido de no arrepentirse

1. Este relato está basado en dos biografías de Piaf (Carolyn Burke, *No regrets: The life of Edith Piaf*, A&C Black, Londres, 2012; y Jean Noli, *Edith Piaf: Trois ans pour mourir*, Pocket Presses, París, 1978) y en una entrevista de 2003 con Charles Dumont (John Lichfield, «Charles Dumont: Regrets? Too few to mention», *The Independent*, 9 de octubre de 2003).

2. En portugués en el original. *(N. del e.)*

3. Richard Heldenfels, «TV mailbag: What's the song in the Allstate commercial?», *Akron Beacon Journal*, 8 de octubre de 2020; Ben Wilder, «New Allstate commercial – actors, location, and music», *Out of the Wilderness*, 13 de diciembre de 2020. Disponible en: <https://outofthe wilderness.me/2020/11/08/allstate/> [Consulta: 06/05/2022].

4. Norman Vincent Peale, «No room for regrets», *Guideposts*, 10 de diciembre de 2008; Richard Wolf, «Ruth Bader Ginsburg, in her "own words"», *USA Today*, 3 de octubre de 2016; Gwenda Blair, «How Norman Vincent Peale taught Donald Trump to worship himself», *Politico Magazine*, 6 de octubre de 2015; George Vecsey, «Norman Vincent Peale, preacher of gospel optimism, dies at 95», *The New York Times*, 26 de diciembre de 1993; Linda Greenhouse, «Ruth Bader Ginsburg, Supreme Court's feminist icon, is dead at 87», *The New York Times*, 18 de septiembre de 2020.

5. Joyce Chen, «Angelina Jolie wrote foreword to ex-husband Billy Bob Thornton's new memoir», *Nueva York Daily News*, 23 de febrero de 2012; Natalie Robhemed, «Laverne Cox on breaking down barriers in Hollywood and beyond», *Forbes*, 13 de mayo de 2016; Richard Feloni, «Tony

Robbins reveals what he's learned from financial power players like Carl Icahn and Ray Dalio», *Business Insider*, 18 de noviembre de 2014; Paul Elliot, «Slash: A decade of drugs was not money well spent», *Classic Rock*, 12 de junio de 2015. Por desgracia, no he podido encontrar los ejemplos originales de las citas de Dylan y Travolta, pero son ampliamente citados y, según tengo entendido, no han sido refutados. Véase, por ejemplo, <https://www.reddit.com/r/quotes/comments/bdtnn5/i_dont_believe_in_regrets_regrets_just_keep_you/> [Consulta: 06/05/2022].

6. <https://catalog.loc.gov> [Consulta: 06/05/2022].

7. Walter Liszewski, Elizabeth Kream, Sarah Helland, Amy Cavigli, Bridget C. Lavin y Andrea Murina, «The demographics and rates of tattoo complications, regret, and unsafe tattooing practices: A cross-sectional study», *Dermatologic Surgery* 41, n.º 11 (2015), pp. 1283-1289; Ivan Kurniadi, Farida Tabri, Asnawi Madjid, Anis Irawan Anwar y Widya Widita, «Laser tattoo removal: Fundamental principles and practical approach», *Dermatologic Therapy* (2020), e14418; Harris Poll, «Tattoo takeover: Three in ten Americans have tattoos, and most don't stop at just one», 10 de febrero de 2016; Harri Leigh, «Tattoo removal revenue about to hit record», *Lehigh Valley Public Media*, 16 de octubre de 2018; Allied Market Research, «Tattoo removal market size: Industry forecast by 2027», octubre de 2020.; Katherine Ellison, «Getting his tattoo took less than 20 minutes. Regret set in within hours», *The Washington Post*, 31 de mayo de 2020.

8. Harry Markowitz, «Portfolio selection», *Journal of Finance* 7, (1952), pp. 77-91; Harry L. Markowitz, «Foundations of portfolio theory», *Journal of Finance* 46, n.º 2, (1991), pp. 469-477.

9. M. J. C. Forgeard y M. E. P. Seligman, «Seeing the glass half full: A review of the causes and consequences of optimism», *Pratiques Psychologiques* 18, n.º 2, (2012) pp. 107-120; Heather N. Rasmussen, Michael F. Scheier y Joel B. Greenhouse, «Optimism and physical health: A meta-analytic review», *Annals of Behavioral Medicine* 37, n.º 3, (2009), pp. 239-256.

10. Sonja Lyubomirsky, Laura King y Ed Diener, «The benefits of frequent positive affect: Does happiness lead to success?», *Psychological Bulletin* 131, n.º 6, (2005), p. 803.

11. Véase, por ejemplo, Brett Q. Ford, Phoebe Lam, Oliver P. John e Iris B. Mauss, «The psychological health benefits of accepting negative emotions and thoughts: Laboratory, diary, and longitudinal evidence», *Journal of Personality and Social Psychology* 115, n.º 6, (2018), p. 1075.

12. Puedes ver la encuesta completa y todos los resultados en <www.danpink.com/surveyresults> [Consulta: 06/05/2022].

2. Por qué el arrepentimiento nos hace humanos

1. George Greenberg y Mary FitzPatrick, «Regret as an essential ingredient in psychotherapy», *The Psychotherapy Patient* 5, n.º 1-2, (1989), pp. 35-46.

2. David E. Bell, «Reply: Putting a premium on regret», *Management Science* 31, n.º 1, (1985), pp. 117-122.

3. Chris Guthrie, «Carhart, constitutional rights, and the psychology of regret», *Southern California Law Review* 81, (2007), p. 877, citando a Stuart Hampshire, «Thought and action», 1959.

4. Robert Guttentag y Jennifer Ferrell, «Reality compared with its alternatives: Age differences in judgments of regret and relief», *Developmental Psychology* 40, n.º 5, (2004), p. 764. Véase también Brian Uprichard y Teresa McCormack, «Becoming kinder: Prosocial choice and the development of interpersonal regret», *Child Development* 90, n.º 4, (2009), pp. e486-e504.

5. Shalini Gautam, Thomas Suddendorf, Julie D. Henry y Jonathan Redshaw, «A taxonomy of mental time travel and counterfactual thought: Insights from cognitive development», *Behavioural Brain Research* 374, (2019), p. 112108; Patrick Burns, Kevin J. Riggs y Sarah R. Beck, «Executive control and the experience of regret», *Journal of Experimental Child Psychology* 111, n.º 3, (2012), pp. 501-515. Esta fuente sostiene que «la aparición tardía del arrepentimiento [...] es el resultado de las exigencias ejecutivas de tener en mente y comparar simultáneamente representaciones duales de la realidad».

6. Eimear O'Connor, Teresa McCormack y Aidan Feeney, «The development of regret», *Journal of Experimental Child Psychology* 111, n.º 1, (2012), pp. 120-127; Teresa McCormack, Eimear O'Connor, Sarah Beck y Aidan Feeney, «The development of regret and relief about the outcomes of risky decisions», *Journal of Experimental Child Psychology* 148, (2016), pp. 1-19; Eimear O'Connor, Teresa McCormack, Sarah R. Beck y Aidan Feeney, «Regret and adaptive decision making in young children», *Journal of Experimental Child Psychology* 135, (2015), pp. 86-92.

7. Teresa McCormack y Aidan Feeney, «The development of the experience and anticipation of regret», *Cognition and Emotion* 29, n.º 2, (2015), pp. 266-280.

8. Eva Rafetseder, Maria Schwitalla y Josef Perner, «Counterfactual reasoning: From childhood to adulthood», *Journal of Experimental Child Psychology* 114, n.° 3, (2013), pp. 389-404; Robert Guttentag y Jennifer Ferrell, «Children's understanding of anticipatory regret and disappointment», *Cognition and Emotion* 22, n.° 5, (2008), pp. 815-832; Marianne Habib, M. Cassotti, G. Borst, G. Simon, A. Pineau, O. Houdé y S. Moutier, «Counterfactually mediated emotions: A developmental study of regret and relief in a probabilistic gambling task», *Journal of Experimental Child Psychology* 112, n.° 2, (2012), pp. 265-274.

9. Nathalie Camille, Giorgio Coricelli, Jerome Sallet, Pascale Pradat-Diehl, Jean-René Duhamel y Angela Sirigu, «The involvement of the orbitofrontal cortex in the experience of regret», *Science* 304, n.° 5674, (2004), pp. 1167-1170. Véase también Giorgio Coricelli, Hugo D. Critchley, Mateus Joffily, John P. O'Doherty, Angela Sirigu y Raymond J. Dolan, «Regret and its avoidance: A neuroimaging study of choice behavior», *Nature Neuroscience* 8, n.° 9, (2005), pp. 1255-1262. Esta fuente demuestra que se utiliza el mismo circuito neuronal tanto para el arrepentimiento prospectivo como para el anticipado; Stefan Ursu y Cameron S. Carter, «Outcome representations, counterfactual comparisons, and the human orbitofrontal cortex: Implications for neuroimaging studies of decision-making», *Cognitive Brain Research* 23, n.° 1, (2005), pp. 51-60.

10. Federica Solca, Barbara Poletti, Stefano Zago, Chiara Crespi, Francesca Sassone, Annalisa Lafronza, Anna Maria Maraschi, Jenny Sassone, Vincenzo Silani y Andrea Ciammola, «Counterfactual thinking deficit in Huntington's disease», *PLOS One* 10, n.° 6, (2015), p. e0126773.

11. Patrick McNamara, Raymon Durso, Ariel Brown y A. Lynch, «Counterfactual cognitive deficit in persons with Parkinson's disease», *Journal of Neurology, Neurosurgery, and Psychiatry* 74, n.° 8, (2003), pp. 1065-1070.

12. Fernando Contreras, Auria Albacete, Pere Castellví, Agnès Caño, Bessy Benejam y José Manuel Menchón, «Counterfactual reasoning deficits in schizophrenia patients», *PLOS One* 11, n.° 2, (2016), p. e0148440; Christine Hooker, Neal J. Roese y Sohee Park, «Impoverished counterfactual thinking is associated with schizophrenia», *Psychiatry* 63, n.° 4, (2000), pp. 326-335. Los individuos psicopáticos experimentan el arrepentimiento retrospectivo. Sin embargo, no parecen verse afectados por el arrepentimiento prospectivo cuando toman decisiones. Arielle Baskin-Sommers, Allison M. Stuppy-Sullivan y Joshua W. Buckholtz, «Psychopathic individuals exhibit but do not avoid regret during counter-

factual decision making», *Proceedings of the National Academy of Sciences* 113, n.º 50, (2016), pp. 14.438-14.443.

13. Sofia Tagini, Federica Solca, Silvia Torre, Agostino Brugnera, Andrea Ciammola, Ketti Mazzocco, Roberta Ferrucci, Vincenzo Silani, Gabriella Pravettoni y Barbara Poletti, «Counterfactual thinking in psychiatric and neurological diseases: A scoping review», *PLOS One* 16, n.º 2, (2021), p. e0246388.

14. Thomas Gilovich y Victoria Husted Medvec, «The temporal pattern to the experience of regret», *Journal of Personality and Social Psychology* 67, n.º 3, (1994), p. 357. Véanse también Marcel Zeelenberg y Rik Pieters, «A theory of regret regulation 1.0», *Journal of Consumer Psychology* 17, n.º 1, (2007), pp. 3-18 («All other negative emotions can be experienced without choice, but regret cannot»); C. Hammell y A. Y. C. Chan, «Improving physical task performance with counterfactual and prefactual thinking», *PLOS One* 11, n.º 12, (2016), p. e0168181. Disponible en: <https://doi.org/10.1371/journal.pone.0168181> [Consulta: 06/05/2022].

15. Janet Landman, *Regret: The persistence of the possible*, Oxford University Press, Nueva York, p. 47, 1993.

16. Marcel Zeelenberg y Rik Pieters, «A theory of regret regulation 1.0», *Journal of Consumer Psychology* 17, n.º 1, (2007), pp. 3-18.

17. Eleanor B. Fleming, Duong Nguyen, Joseph Afful, Margaret D. Carroll y Phillip D. Woods, «Prevalence of daily flossing among adults by selected risk factors for periodontal disease – United States, 2011-2014», *Journal of Periodontology* 89, n.º 8, (2018), pp. 933-939; Steve Sternberg, «How many Americans floss their teeth?», *U.S. News and World Report*, 2 de mayo de 2016.

18. Susan B. Shimanoff, «Commonly named emotions in everyday conversations», *Perceptual and Motor Skills*, 1984.

19. Colleen Saffrey, Amy Summerville y Neal J. Roese, «Praise for regret: People value regret above other negative emotions», *Motivation and Emotion* 32, n.º 1, (2008), pp. 46-54.

20. Pär Bjälkebring, Daniel Västfjäll, Ola Svenson y Paul Slovic, «Regulation of experienced and anticipated regret in daily decision making», *Emotion* 16, n.º 3, (2016), p. 381.

21. Mike Morrison y Neal J. Roese, «Regrets of the typical American: Findings from a nationally representative sample», *Social Psychological and Personality Science* 2, n.º 6, (2011), pp. 576-583.

22. Thomas Gilovich y Victoria Husted Medvec, «The experience of regret: What, when, and why», *Psychological Review* 102, n.º 2, (1995), p. 379.

23. William Langley, «Edith Piaf: Mistress of heartbreak and pain who had a few regrets after all», *The Daily Telegraph*, 13 de octubre de 2013.

3. «Al menos» y «Si sólo»

1. Neal J. Roese y Kai Epstude, «The functional theory of counter-factual thinking: New evidence, new challenges, new insights», *Advances in Experimental and Social Psychology*, vol. 56, pp. 1-79, Academic Press, 2017.

2. Victoria Husted Medvec, Scott F. Madey y Thomas Gilovich, «When less is more: Counterfactual thinking and satisfaction among Olympic medalists», *Journal of Personality and Social Psychology* 69, n.º 4, (1995), p. 603. El estudio también evaluó a los medallistas de los Empire State Games de 1994.

3. Scott E. Maxwell, Michael Y. Lau y George S. Howard, «Is psychology suffering from a replication crisis? What does "failure to replicate" really mean?», *American Psychologist* 70, n.º 6, (2015), p. 487; Ed Yong, «Psychology's replication crisis is running out of excuses», *The Atlantic*, 19 de noviembre de 2018.

4. David Matsumoto y Bob Willingham, «The thrill of victory and the agony of defeat: Spontaneous expressions of medal winners of the 2004 Athens Olympic Games», *Journal of Personality and Social Psychology* 91, n.º 3, (2006), p. 568.

5. William M. Hedgcock, Andrea W. Luangrath y Raelyn Webster, «Counterfactual thinking and facial expressions among Olympic medalists: A conceptual replication of Medvec, Madey, and Gilovich's (1995) findings», *Journal of Experimental Psychology: General*, 2020. Aquellos que superaron las expectativas también sonreían más. Asimismo, aunque la réplica ha sido potente, un estudio ha argumentado que los medallistas de plata tienen mayores expectativas que los de bronce y, consiguientemente, es más probable que se sientan decepcionados. A. Peter McGraw, Barbara A. Mellers y Philip E. Tetlock, «Expectations and emotions of Olympic athletes», *Journal of Experimental Social Psychology* 41, n.º 4, (2005), pp. 438-446. Otro descubrió que, si bien las expresiones de los medallistas de plata y bronce eran similares, en las entrevistas, los medallistas de plata expresaban más pensamientos contrafactuales. Mark S. Allen, Sarah J. Knipler y Amy Y. C. Chan, «Happiness and counterfactual

thinking at the 2016 Summer Olympic Games», *Journal of Sports Sciences* 37, n.º 15, (2019), pp. 1762-1769.

6. «Emma Johansson tog OS-silver i Rio», *Expressen Sport*, 7 de agosto de 2016. Disponible en: <https://www.expressen.se/sport/os-2014/emma-johansson-tog-os-silver-i-rio/> [Consulta: 06/05/2022].

7. Marcel Zeelenberg y Rik Pieters, «A theory of regret regulation 1.0», *Journal of Consumer Psychology* 17, n.º 1, (2007), pp. 3-18; Neal J. Roese y Taekyun Hur, «Affective determinants of counterfactual thinking», *Social Cognition* 15, n.º 4, (1997), pp. 274-290; Suzanne Altobello Nasco y Kerry L. Marsh, «Gaining control through counterfactual thinking», *Personality and Social Psychology Bulletin* 25, n.º 5, (1999), pp. 557-569.

8. Amy Summerville y Neal J. Roese, «Dare to compare: Fact-based versus simulation-based comparison in daily life», *Journal of Experimental Social Psychology* 44, n.º 3, (2008), pp. 664-671.

9. Karl Halvor Teigen y Tine K. Jensen, «Unlucky victims or lucky survivors? Spontaneous counterfactual thinking by families exposed to the tsunami disaster», *European Psychologist* 16, n.º 1, (2011), p. 48.

10. Véase, por ejemplo, Lily FitzGibbon, Asuka Komiya y Kou Murayama, «The lure of counterfactual curiosity: People incur a cost to experience regret», *Psychological Science* 32, n.º 2, (2021), pp. 241-255.

4. Por qué el arrepentimiento nos hace mejores

1. Hay una grieta, una grieta en todo. Así entra la luz. *(N. del e.)*

2. Gillian Ku, «Learning to de-escalate: The effects of regret in escalation of commitment», *Organizational Behavior and Human Decision Processes* 105, n.º 2, (2008), pp. 221-232.

3. Laura J. Kray y Michele J. Gelfand, «Relief versus regret: The effect of gender and negotiating norm ambiguity on reactions to having one's first offer accepted», *Social Cognition* 27, n.º 3, (2009), pp. 418-436.

4. Adam D. Galinsky, Vanessa L. Seiden, Peter H. Kim y Victoria Husted Medvec, «The dissatisfaction of having your first offer accepted: The role of counterfactual thinking in negotiations», *Personality and Social Psychology Bulletin* 28, n.º 2, (2002), pp. 271-283.

5. Laura J. Kray, Adam D. Galinsky y Keith D. Markman, «Counterfactual structure and learning from experience in negotiations», *Journal of Experimental Social Psychology* 45, n.º 4, (2009), pp. 979-982.

6. Jochen Reb, «Regret aversion and decision process quality: Effects of regret salience on decision process carefulness», *Organizational Behavior and Human Decision Processes* 105, n.º 2, (2008), pp. 169-182. Véase también Rachel Smallman y Neal J. Roese, «Counterfactual thinking facilitates behavioral intentions», *Journal of Experimental Social Psychology* 45, n.º 4, (2009), pp. 845-852.

7. Adam D. Galinsky y Gordon B. Moskowitz, «Counterfactuals as behavioral primes: Priming the simulation heuristic and consideration of alternatives», *Journal of Experimental Social Psychology* 36, n.º 4, (2000), pp. 384-409. Véase también Kai Epstude y Kai J. Jonas, «Regret and counter factual thinking in the face of inevitability: The case of HIV-positive men», *Social Psychological and Personality Science* 6, n.º 2, (2015), pp. 157-163. Entre los hombres seropositivos, el arrepentimiento hizo descender el bienestar pero aumentó la propensión a practicar sexo seguro.

8. Helen Mary Meldrum, «Reflecting or ruminating: Listening to the regrets of life science leaders», *International Journal of Organization Theory and Behavior*, 2021.

9. Barry Schwartz, *The paradox of choice: Why more is less*, Ecco, Nueva York, 2004.

10. Eimear O'Connor, Teresa McCormack y Aidan Feeney, «Do children who experience regret make better decisions? A developmental study of the behavioral consequences of regret», *Child Development* 85, n.º 5, (2014), pp. 1995-2010.

11. Keith D. Markman, Matthew N. McMullen y Ronald A. Elizaga, «Counterfactual thinking, persistence, and performance: A test of the Reflection and Evaluation Model», *Journal of Experimental Social Psychology* 44, n.º 2, (2008), pp. 421-428. Ciertos tipos de contrafactuales a la baja también mejoraron el rendimiento, aunque no tanto como estos contrafactuales evaluativos al alza.

12. Neal J. Roese, «The functional basis of counterfactual thinking», *Journal of Personality and Social Psychology* 66, n.º 5, (1994), p. 805.

13. Keith D. Markman, Igor Gavanski, Steven J. Sherman y Matthew N. McMullen, «The mental simulation of better and worse possible worlds», *Journal of Experimental Social Psychology* 29, n.º 1, (1993), pp. 87-109.

14. Adam D. Galinsky y Gordon B. Moskowitz, «Counterfactuals as behavioral primes: Priming the simulation heuristic and consideration of alternatives», *Journal of Experimental Social Psychology* 36,

n.º 4, (2000), pp. 384-409. En este caso, el pensamiento contrafactual en sí, más que la dirección del contrafactual, pareció producir el efecto. Véase también Colleen Saffrey, Amy Summerville y Neal J. Roese, «Praise for regret: People value regret above other negative emotions», *Motivation and Emotion* 32, n.º 1, (2008), pp. 46-54.

15. Hongmei Gao, Yan Zhang, Fang Wang, Yan Xu, Ying-Yi Hong y Jiang Jiang, «Regret causes ego-depletion and finding benefits in the regrettable events alleviates ego-depletion», *Journal of General Psychology* 141, n.º 3, (2014), pp. 169-206.

16. Yang Wang, Benjamin F. Jones y Dashun Wang, «Early-career setback and future career impact», *Nature Communications* 10, n.º 1, (2019), pp. 1-10. Por lo visto, algunos de los científicos del grupo de los menos capaces abandonaron la profesión o, cuando menos, no solicitaron muchas becas posteriores. Sin embargo, los investigadores llegaron a la conclusión de que la exclusión de estos científicos, quizá menos capaces, no era la causa de la diferencia.

17. Laura J. Kray, Linda G. George, Katie A. Liljenquist, Adam D. Galinsky, Philip E. Tetlock y Neal J. Roese, «From what might have been to what must have been: Counterfactual thinking creates meaning», *Journal of Personality and Social Psychology* 98, n.º 1, (2010), p. 106. Véase también Hyeman Choi y Keith D. Markman, «"If only I had" *versus* "If only I had not": Mental deletions, mental additions, and perceptions of meaning in life events», *Journal of Positive Psy- chology* 14, n.º 5, (2019), pp. 672-680. Los contrafactuales sustractivos refuerzan el significado más que los contrafactuales aditivos, que suelen servir para preparar el futuro.

18. Neal J. Roese y Kai Epstude, «The functional theory of counterfactual thinking: New evidence, new challenges, new insights», *Advances in Experimental Social Psychology*, vol. 56, pp. 1-79, Academic Press, 2017; Samantha J. Heintzelman, Justin Christopher, Jason Trent y Laura A. King, «Counterfactual thinking about one's birth enhances well-being judgments», *Journal of Positive Psychology* 8, n.º 1, (2013), pp. 44-49.

19. Hal Ersner-Hershfield, Adam D. Galinsky, Laura J. Kray y Brayden G. King, «Company, country, connections: Counterfactual origins increase organizational commitment, patriotism, and social investment», *Psychological Science* 21, n.º 10, (2010), pp. 1479-1486.

20. Abigail J. Stewart y Elizabeth A. Vandewater, «If I had it to do over again... Midlife review, midcourse corrections, and women's well-being in midlife», *Journal of Personality and Social Psychology* 76, n.º 2, (1999), p. 270.

21. Los participantes en la World Regret Survey enviaron sus arrepentimientos de forma anónima. Podían facilitar su dirección de correo electrónico si estaban dispuestos a que contactasen con ellos para realizar una entrevista de seguimiento.

22. William James, *The principles of psychology*, vols. 1-2, (2021), pp. 432-433, Pantianos Classics.

23. Susan T. Fiske, «Thinking is for doing: Portraits of social cognition from daguerreotype to laserphoto», *Journal of Personality and Social Psychology* 63, n.° 6, (1992), p. 877.

24. Hilary Jacobs Hendel, «Ignoring your emotions is bad for your health. Here's what to do about it», *Time*, 27 de febrero de 2018.

25. Para una inteligente crítica de este punto de vista, véase Greg Lukianoff y Jonathan Haidt, *La transformación de la mente moderna. Cómo las buenas intenciones y las malas ideas están condenando a una generación al fracaso*, Deusto, Barcelona, 2019.

26. Michelle Renee Monroe, John J. Skowronski, William MacDonald y Sarah E. Wood, «The mildly depressed experience more post-decisional regret than the non-depressed», *Journal of Social and Clinical Psychology* 24, n.° 5, (2005), pp. 665-690; Gemma Callander, Gary P. Brown, Philip Tata y Lesley Regan, «Counterfactual thinking and psychological distress following recurrent miscarriage», *Journal of Reproductive and Infant Psychology* 25, n.° 1, (2007), pp. 51-65; Ora Gilbar, Nirit Plivazky y Sharon Gil, «Counterfactual thinking, coping strategies, and coping resources as predictors of PTSD diagnosed in physically injured victims of terror at tacks», *Journal of Loss and Trauma* 15, n.° 4, (2010), pp. 304-324.

27. Colleen Saffrey, Amy Summerville y Neal J. Roese, «Praise for regret: People value regret above other negative emotions», *Motivation and Emotion* 32, n.° 1, (2008), pp. 46-54.

28. Anne Gene Broomhall, Wendy J. Phillips, Donald W. Hine y Natasha M. Loi, «Upward counterfactual thinking and depression: A meta-analysis», *Clinical Psychology Review* 55, (2017), pp. 56-73; Neal J. Roese, Kai Epstude, Florian Fessel, Mike Morrison, Rachel Smallman, Amy Summerville, Adam D. Galinsky y Suzanne Segerstrom, «Repetitive regret, depression, and anxiety: Findings from a nationally representative survey», *Journal of Social and Clinical Psychology* 28, n.° 6, (2009), pp. 671-688.

29. Marcel Zeelenberg y Rik Pieters, «A theory of regret regulation 1.0», *Journal of Consumer Psychology* 17, n.° 1, (2007), pp. 3-18. Zeelenberg y Pieters sostienen que «el sentimiento es para hacer», y señalan que

el afecto negativo es una «señal para el organismo de que se precisa tanto acción correctiva como reflexión».

30. Alia J. Crum, Peter Salovey y Shawn Achor, «Rethinking stress: The role of mindsets in determining the stress response», *Journal of Personality and Social Psychology* 104, (2013), n.º 4, p. 716.

31. Brett Q. Ford, Phoebe Lam, Oliver P. John y Iris B. Mauss, «The psychological health benefits of accepting negative emotions and thoughts: Laboratory, diary, and longitudinal evidence», *Journal of Personality and Social Psychology* 115, (2018), n.º 6, p. 1075.

32. Laura J. Kray, Linda G. George, Katie A. Liljenquist, Adam D. Galinsky, Philip E. Tetlock y Neal J. Roese, «From what might have been to what must have been: Counterfactual thinking creates meaning», *Journal of Personality and Social Psychology* 98, n.º 1, (2010), p. 106.

33. Andrea Codrington Lippke, «In make-do objects, collectors find beauty beyond repair», *The New York Times*, 15 de diciembre de 2010.

5. El arrepentimiento en la superficie

1. Departamento de Comercio de EE. UU., Oficina del Censo, Informes de Población Actual (Serie P-20, n.º 45), 22 de octubre de 1953, tabla 11.

2. Hazel Erskine, «The polls: Hopes, fears, and regrets», *Public Opinion Quarterly* 37, n.º 1, (1973), pp. 132-145.

3. Janet Landman y Jean D. Manis, «What might have been: Counterfactual thought concerning personal decisions», *British Journal of Psychology* 83, n.º 4, (1992), pp. 473-477.

4. Arlene T. Metha, Richard T. Kinnier y Ellen H. McWhirter, «A pilot study on the regrets and priorities of women», *Psychology of Women Quarterly* 13, n.º 2, (1989), pp. 167-174.

5. Len Lecci, Morris A. Okun y Paul Karoly. «Life regrets and current goals as predictors of psychological adjustment», *Journal of Personality and Social Psychology* 66, n.º 4, (1994), p. 731.

6. Mary Kay DeGenova, «If you had your life to live over again: What would you do differently?», *International Journal of Aging and Human Development* 34, n.º 2, (1992), pp. 135-143.

7. Thomas Gilovich y Victoria Husted Medvec, «The temporal pattern to the experience of regret», *Journal of Personality and Social Psychology* 67, n.º 3, (1994), p. 357.

8. Nina Hattiangadi, Victoria Husted Medvec y Thomas Gilovich, «Failing to act: Regrets of Terman's geniuses», *International Journal of Aging and Human Development* 40, n.º 3, (1995), pp. 175-185. Estos hombres y mujeres eran los llamados «Termitas», los niños prodigio que Lewis Terman empezó a estudiar en la década de 1920, cuyas trayectorias vitales siguieron él y sus colegas a lo largo de sus vidas.

9. Neal J. Roese y Amy Summerville, «What we regret most... and why», *Personality and Social Psychology Bulletin* 31, n.º 9, (2005), pp. 1273-1285.

10. Mike Morrison y Neal J. Roese. «Regrets of the typical American: Findings from a nationally representative sample», *Social Psychological and Personality Science* 2, n.º 6, (2011), pp. 576-583.

6. Los cuatro principales arrepentimientos

1. En español en el original.

2. En español en el original.

3. Noam Chomsky, *Syntactic structures*, De Gruyter Mouton, Nueva York, 2009; Noam Chomsky, *Deep structure, surface structure and semantic interpretation*, De Gruyter Mouton, Nueva York, 2019; Stephen R. Anderson, «On the role of deep structure in semantic interpretation», *Foundations of Language*, (1971), pp. 387-396.

4. Noam Chomsky, *Aspectos de la teoría de la sintaxis*. Gedisa, Barcelona, 2015.

7. Arrepentimientos de base

1. Ted O'Donoghue y Matthew Rabin, «Doing it now or later», *American Economic Review* 89, n.º 1, (1999), pp. 103-124; Shane Frederick, George Loewenstein y Ted O'Donoghue, «Time discounting and time preference: A critical review», *Journal of Economic Literature* 40, n.º 2, (2002), pp. 351-401.

2. Jamie E. Robbins, Leilani Madrigal y Christopher T. Stanley, «Retrospective remorse: College athletes' reported regrets from a single season», *Journal of Sport Behavior* 38, n.º 2, 2015.

3. Ernest Hemingway, *Fiesta*, Barcelona, Planeta, 1993.

4. William A. Wagenaar y Sabato D. Sagaria, «Misperception of

exponential growth», *Perception and Psychophysics* 18, n.º 6, (1975), pp. 416-422; Matthew Levy y Joshua Tasoff, «Exponential growth bias and lifecycle consumption», *Journal of the European Economic Association* 14, n.º 3, (2016), pp. 545-583.

5. Edward E. Jones y Victor A. Harris, «The attribution of attitudes», *Journal of Experimental Social Psychology* 3, n.º 1, (1967), pp. 1-24; Harold H. Kelley, «The processes of causal attribution», *American Psychologist* 28, n.º 2, (1963), p. 107; Daryl J. Bem, «Self-perception theory», *Advances in Experimental Social Psychology*, vol. 6, pp. 1-62, Academic Press, 1972; Lee Ross, «The intuitive psychologist and his shortcomings: Distortions in the attribution process», *Advances in Experimental Social Psychology*, vol. 10, pp. 173-220, Academic Press, 1977; Joseph Henrich, Steven J. Heine y Ara Norenzayan, «The weirdest people in the world?», *Behavioral and Brain Sciences* 33, n.º 2-3, (2010), pp. 61-83.

6. Esto es especialmente cierto cuando se trata de la pobreza y de otras privaciones. En su impactante libro *Scarcity: The New Science of Having Less and How It Defines Our Lives*, Sendhil Mullainathan y Eldar Shafir demuestran que la escasez de tiempo, dinero u opciones impone una enorme demanda a nuestra capacidad mental que puede impedirnos tomar decisiones acertadas de cara al futuro.

8. Arrepentimientos de audacia

1. Paul T. Costa y Robert R. McCrae, «Revised NEO personality inventory (NEO-PI-R) and NEO five-factor inventory (NEO-FFI)», *Psychological Assessment Resources*, 1992; Deniz S. Ones y Stephan Dilchert, «How special are executives? How special should executive selection be? Observations and recommendations», *Industrial and Organizational Psychology* 2, n.º 2, (2009), pp. 163-170.

2. Seth Margolis y Sonja Lyubomirsky, «Experimental manipulation of extraverted and introverted behavior and its effects on well-being», *Journal of Experimental Psychology: General* 149, n.º 4, (2020), p. 719. Véase también E. Kuijpers, J. Pickett, B. Wille y J. Hofmans, «Do you feel better when you behave more extraverted than you are? The relationship between cumulative counterdispositional extraversion and positive feelings», *Personality and Social Psychology Bulletin*, 01461672211015062, 2021.

3. Thomas Gilovich y Victoria Husted Medvec, «The temporal pattern to the experience of regret», *Journal of Personality and Social Psy-*

chology 67, n.° 3, (1994), p. 357; Thomas Gilovich y Victoria Husted Medvec, «The experience of regret: What, when, and why», *Psychological Review* 102, n.° 2, (1995), p. 379.

4. Thomas Gilovich, Ranxiao Frances Wang, Dennis Regan y Sadafumi Nishina, «Regrets of action and inaction across cultures», *Journal of Cross-Cultural Psychology* 34, n.° 1, (2003), pp. 61-71. Véase también Jing Chen, Chi-Yue Chiu, Neal J. Roese, Kim-Pong Tam y Ivy Yee-Man Lau, «Culture and counterfactuals: On the importance of life domains», *Journal of Cross-Cultural Psychology* 37, n.° 1, (2006), pp. 75-84.

5. Thomas Gilovich y Victoria Husted Medvec, «The temporal pattern to the experience of regret», *Journal of Personality and Social Psychology* 67, n.° 3, (1994), p. 357; Thomas Gilovich y Victoria Husted Medvec, «The experience of regret: What, when, and why», *Psychological Review* 102, n.° 2, (1995), p. 379; Véase también Kenneth Savitsky, Victoria Husted Medvec y Thomas Gilovich, «Remembering and regretting: The Zeigarnik effect and the cognitive availability of regrettable actions and inactions», *Personality and Social Psychology Bulletin* 23, n.° 3, (1997), pp. 248-257.

6. O. Nash, *The Best of Ogden Nash*, Ivan R. Dee, Chicago, 2007.

9. Arrepentimientos morales

1. Jonathan Haidt, *La mente de los justos: Por qué la política y la religión dividen a la gente sensata*, Deusto, Barcelona, 2019. Recomiendo asimismo otros libros de Haidt: Greg Lukianoff y Jonathan Haidt, *La transformación de la mente moderna: Cómo las buenas intenciones y las malas ideas están condenando a una generación al fracaso*, Deusto, Barcelona, 2019, y *La hipótesis de la felicidad*, Gedisa, Barcelona, 2010.

2. Jonathan Haidt, «The emotional dog and its rational tail: A social intuitionist approach to moral judgment», *Psychological Review* 108, n.° 4, (2001), p. 814; Jonathan Haidt, Fredrik Bjorklund y Scott Murphy, «Moral dumbfounding: When intuition finds no reason», manuscrito inédito, Universidad de Virginia, Charlottesville, 2000, pp. 191-221.

3. Jesse Graham, Jonathan Haidt y Brian A. Nosek, «Liberals and conservatives rely on different sets of moral foundations», *Journal of Personality and Social Psychology* 96, n.° 5, (2009), p. 1029.

4. Jesse Graham, Jonathan Haidt, Sena Koleva, Matt Motyl, Ravi Iyer, Sean P. Wojcik y Peter H. Ditto, «Moral foundations theory: The

pragmatic validity of moral pluralism», *Advances in Experimental Social Psychology*, vol. 47, pp. 55-130, Academic Press, Cambridge, Massachusetts, 2013.

5. *Ibidem.*

6. Jesse Graham, Jonathan Haidt, Matt Motyl, Peter Meindl, Carol Iskiwitch y Marlon Mooij-man, «Moral foundations theory», *Atlas of Moral Psychology*, (2018), pp. 211-222.

7. Robert Staughton Lynd y Helen Merrell Lynd, *Middletown: A study in contemporary American culture*, Harcourt, Brace and Company, Nueva York, 1929.

8. Ziggy es un personaje creado por el dibujante Tom Wilson. Éste fue originalmente inspirado en el cómic *Zigfried Schlump* dibujado por un estudiante universitario con el pseudónimo *clawmute* en la Universidad de Akron, en Ohio. *(N. del e.)*

9. Jonathan Haidt, *La mente de los justos: Por qué la política y la religión dividen a la gente sensanta*, Deusto, Barcelona, 2019.

10. «Americans' Abortion Views Steady in Past Year». Disponible en: <https://news.gallup.com/poll/313094/americans-abortion-views-steady-past-year.aspx> [Consulta: 06/05/2022].

11. Emile Durkheim, *The elementary forms of the religious life* [1912], p. 34, Free Press, Núeva York, 1965.

10. Arrepentimientos de conexión

1. La organización era en rigor una «fraternidad femenina», porque no era la hermana de una fraternidad masculina, como la mayoría de las hermandades. Sin embargo, tenía el aspecto de una hermandad y funcionaba como tal, así que voy a utilizar este término.

2. Mike Morrison, Kai Epstude y Neal J. Roese, «Life regrets and the need to belong», *Social Psychological and Personality Science* 3, n.º 6, (2012), pp. 675-681.

3. Véase, por ejemplo, Tal Eyal, Mary Steffel y Nicholas Epley, «Perspective mistaking: Accurately understanding the mind of another requires getting perspective, not taking perspective», *Journal of Personality and Social Psychology* 114, n.º 4, (2018), p. 547.

4. Nicholas Epley y Juliana Schroeder, «Mistakenly seeking solitude», *Journal of Experimental Psychology: General* 143, n.º 5, (2014), p. 1980.

5. Erica J. Boothby y Vanessa K. Bohns, «Why a simple act of kindness is not as simple as it seems: Underestimating the positive impact of our compliments on others», *Personality and Social Psychology Bulletin*, 0146167220949003, 2020.

6. Dale T. Miller y Cathy McFarland, «Pluralistic ignorance: When similarity is interpreted as dissimilarity», *Journal of Personality and Social Psychology* 53, n.° 2, (1987), p. 298; Deborah A. Prentice y Dale T. Miller, «Pluralistic ignorance and the perpetuation of social norms by unwitting actors», *Advances in Experimental Social Psychology*, vol. 28, pp. 161-209, Academic Press, 1996; Deborah A. Prentice y Dale T. Miller, «Pluralistic ignorance and alcohol use on campus: Some consequences of misperceiving the social norm», *Journal of Personality and Social Psychology* 64, (1993), n.° 2, p. 243.

7. Liz Mineo, «Good genes are nice, but joy is better», *Harvard Gazette* 11, 2017.

8. *Ibidem.*

9. Otras investigaciones hablan de cifras aún más altas, si bien sigue tratándose de una pequeña minoría de padres de todo el mundo. Véase, por ejemplo, Konrad Piotrowski, «How many parents regret having children and how it is linked to their personality and health: Two studies with national samples in Poland», *PLOS One* 16, n.° 7, (2021), e0254163.

10. Ahra Ko, Cari M. Pick, Jung Yul Kwon, Michael Barlev, Jaimie Arona Krems, Michael EW Varnum, Rebecca Neel *et al.*, «Family matters: Rethinking the psychology of human social motivation», *Perspectives on Psychological Science* 15, n.° 1, (2020), pp. 173-201.

11. George E. Vaillant, «Happiness is love: Full stop», manuscrito inédito, 2012.

11. Oportunidad y obligación

1. E. Tory Higgins, «Self-discrepancy: A theory relating self and affect», *Psychological Review* 94, n.° 3, (1987), p. 319.

2. Shai Davidai y Thomas Gilovich, «The ideal road not taken: The self-discrepancies involved in people's most enduring regrets», *Emotion* 18, n.° 3, (2018), p. 439. También sugieren que nuestro yo ideal es menos alcanzable, que implica valores abstractos más que acciones concretas y que es menos dependiente del contexto que nuestro yo debido.

3. Esta idea también aflora en *The Top Five Regrets of the Dying: A life Transformed by the Dearly Departing*, un libro de 2012 en el que la enfermera de cuidados paliativos Bronnie Ware registró el arrepentimiento de algunos de sus pacientes. Uno de los más destacados era el de los pacientes que le decían: «Ojalá hubiera tenido el coraje de ser fiel a mí mismo, de vivir la vida que yo quería, no la que los demás esperaban de mí».

4. Véase, por ejemplo, Samantha Joel, Jason E. Plaks y Geoff MacDonald, «Nothing ventured, nothing gained: People anticipate more regret from missed romantic opportunities than from rejection», *Journal of Social and Personal Relationships* 36, n.° 1, (2019), pp. 305-336.

5. Neal J. Roese y Amy Summerville. «What we regret most... and why», *Personality and Social Psychology Bulletin* 31, n.° 9, (2005), pp. 1273-1285.

6. La diferencia de género que surge en la investigación existente tiene que ver con los arrepentimientos sexuales. Un estudio de 2013, dirigido por Andrew Galperin y Martie Haselton de UCLA, descubrió que, en general, los arrepentimientos sexuales de los hombres implican inacción: personas con las que no se acostaron. Los de las mujeres se centran más a menudo en acciones: personas con las que se acostaron. Asimismo, Neal Roese ha demostrado que los arrepentimientos románticos de los hombres suelen tener que ver con la inacción, mientras que los arrepentimientos románticos de las mujeres se dividen entre acciones e inacciones. Véase Andrew Galperin, Martie G. Haselton, David A. Frederick, Joshua Poore, William Hippel, David M. Buss y Gian C. Gonzaga, «Sexual regret: Evidence for evolved sex differences», *Archives of Sexual Behaviour* 7, n.° 42, (2013), pp. 1145-1161; Neal J. Roese, Ginger L. Pennnington, Jil Voleman, Maria Janicki, Norman P. Li y Douglas T. Kenrick, «Sex diferentes in regret: All for love or some for lust?», *Personality and Social Psychology Bulletin* 32, n.° 6, (2006), pp. 770-780.

7. Es más evidente cuando examinamos las diferencias respecto al arrepentimiento entre las culturas norteamericana y asiática. Aunque no son enormes, los habitantes de lugares como Japón y Corea son más propensos a expresar arrepentimientos interpersonales, mientras que los norteamericanos tienden a expresar los relacionados con su persona. Véase Asuka Komiya, Yuri Miyamoto, Motoki Watabe y Takashi Kusumi, «Cultural grounding of regret: Regret in self and interpersonal contexts», *Cognition and Emotion* 25, n.° 6, (2011), pp. 1121-1130; Taekyun Hur, Neal J. Roese y Jae-Eun Namkoong, «Regrets in the East and West: Role of intrapersonal versus interpersonal norms», *Asian Journal of So-*

cial Psychology 12, n.º 2, (2009), pp. 151-156; Asuka Komiya, Shigehiro Oishi y Minha Lee, «The rural-urban difference in interpersonal regret», *Personality and Social Psychology Bulletin* 42, n.º 4, (2016), pp. 513-525.

12. Deshacer y relativizar

1. Marcel Zeelenberg, Joop van der Pligt y Antony S. R. Manstead, «Undoing regret on Dutch television: Apologizing for interpersonal regrets involving actions or inactions», *Personality and Social Psychology Bulletin* 24, n.º 10, (1998), pp. 1113-1119.

2. Desde que utilizo Mac en mi escritura y en la vida, también puedo presionar cmd + Z.

3. Erving Goffman, *Relations in public*, p. 114, Transaction Publishers, New Brunswick, Nueva Jersey, 2009.

4. Johannes Emmerling y Salmai Qari, «Car ownership and hedonic adaptation», *Journal of Economic Psychology* 61, (2017), pp. 29-38.

5. Véase, por ejemplo, D. T. Gilbert, E. C. Pinel, T. D. Wilson, S. J. Blumberg y T. P. Wheatley, «Immune neglect: A source of durability bias in affective forecasting», *Journal of Personality and Social Psychology* 75, n.º 3, (1998), p. 617.

13. Revelación, compasión y distancia

1. Robert O. Deaner, Amir V. Khera y Michael L. Platt, «Monkeys pay per view: Adaptive valuation of social images by rhesus macaques», *Current Biology* 15, n.º 6, (2005), pp. 543-548.

2. Diana I. Tamir y Jason P. Mitchell, «Disclosing information about the self is intrinsically rewarding», *Proceedings of the National Academy of Sciences* 109, n.º 21, (2012), pp. 8038-8043.

3. *Ibidem.*

4. Joanne Frattaroli, «Experimental disclosure and its moderators: A meta-analysis», *Psychological Bulletin* 132, n.º 6, (2006), p. 823.

5. Diana I. Tamir y Jason P. Mitchell, «Disclosing information about the self is intrinsically rewarding», *Proceedings of the National Academy of Sciences* 109, n.º 21, (2012), pp. 8038-8043.

6. Sonja Lyubomirsky, Lorie Sousa y Rene Dickerhoof, «The costs and benefits of writing, talking, and thinking about life's triumphs and

defeats», *Journal of Personality and Social Psychology* 90, n.º 4, (2006), p. 692.

7. Véase Jared B. Torre y Matthew D. Lieberman, «Putting feelings into words: Affect labeling as implicit emotion regulation», *Emotion Review* 10, n.º 2, (2018), pp. 116-124.

8. Sonja Lyubomirsky, Lorie Sousa y Rene Dickerhoof, «The costs and benefits of writing, talking, and thinking about life's triumphs and defeats», *Journal of Personality and Social Psychology* 90, n.º 4, (2006), p. 692 (especialmente recomendado).

9. Nancy L. Collins y Lynn Carol Miller, «Self-disclosure and liking: A meta-analytic review», *Psychological Bulletin* 116, n.º 3, (1994), p. 457 (especialmente recomendado).

10. James W. Pennebaker, «Putting stress into words: Health, linguistic, and therapeutic implications», *Behaviour Research and Therapy* 31, n.º 6, (1993), pp. 539-548; James W. Pennebaker y Cindy K. Chung, «Expressive writing, emotional upheavals, and health», en Howard S. Friedman y Roxane Cohen Silver (eds.), *Foundations of health psychology*, Oxford University Press, Nueva York, 2007; James W. Pennebaker, «Writing about emotional experiences as a therapeutic process», *Psychological Science* 8, n.º 3, (1997), pp. 162-166; Eva María Gortner, Stephanie S. Rude y James W. Pennebaker, «Benefits of expressive writing in lowering rumination and depressive symptoms», *Behavior Therapy* 37, n.º 3, (2006), pp. 292-303.

11. James W. Pennebaker, «Writing about emotional experiences as a therapeutic process», *Psycho- logical Science* 8, n.º 3, (1997), pp. 162-166.

12. Margo E. Killham, Amber D. Mosewich, Diane E. Mack, Katie E. Gunnell y Leah J. Ferguson, «Women athletes'self-compassion, self-criticism, and perceived sport performance», *Sport, Exercise, and Performance Psychology* 7, n.º 3, (2018), p. 297; Theodore A. Powers, Richard Koestner, David C. Zuroff, Marina Milyavskaya y Amy A. Gorin, «The effects of self- criticism and self-oriented perfectionism on goal pursuit», *Personality and Social Psychology Bulletin* 37, n.º 7, (2011), pp. 964-975; Theodore A. Powers, Richard Koestner y David C. Zuroff, «Self-criticism, goal motivation, and goal progress», *Journal of Social and Clinical Psychology* 26, n.º 7, (2007), pp. 826-840; Leslie P. Kamen y Martin E. P. Seligman, «Explanatory style and health», *Current Psychology* 6, n.º 3, (1987), pp. 207-218; Gregory McClell Buchanan y Martin E. P. Seligman (eds.), *Explanatory style*, Routledge, Nueva York, 2013.

13. Roy F. Baumeister, Jennifer D. Campbell, Joachim I. Krueger y Kathleen D. Vohs, «Does high self-esteem cause better performance, in-

terpersonal success, happiness, or healthier life-styles?», *Psychological Science in the Public Interest* 4, n.° 1, (2003), pp. 1-44.

14. Roy F. Baumeister, Laura Smart y Joseph M. Boden, «Relation of threatened egotism to violence and aggression: The dark side of high self-esteem», *Psychological Review* 103, n.° 1, p. 5, 1996; Robert Raskin, Jill Novacek y Robert Hogan, «Narcissism, self-esteem, and defensive self-enhancement», *Journal of Personality* 59, n.° 1, (1991), pp. 19-38; W. Keith Campbell, Eric A. Rudich y Constantine Sedikides, «Narcissism, self-esteem, and the positivity of self-views: Two portraits of self-love», *Personality and Social Psychology Bulletin* 28, n.° 3, (2002), pp. 358-368; Christopher L. Aberson, Michael Healy y Victoria Romero, «Ingroup bias and self-esteem: A meta-analysis», *Personality and Social Psychology Review* 4, n.° 2, (2000), pp. 157-173.

15. Kristin D. Neff, Kristin L. Kirkpatrick y Stephanie S. Rude, «Self-compassion and adaptive psychological functioning», *Journal of Research in Personality* 41, n.° 1, (2007), pp. 139-154.

16. Madeleine Ferrari, Caroline Hunt, Ashish Harrysunker, Maree J. Abbott, Alissa P. Beath y Danielle A. Einstein, «Self-compassion interventions and psychosocial outcomes: A meta-analysis of RCTs», *Mindfulness* 10, n.° 8, (2019), pp. 1455-1473; Kristin D. Neff y Christopher K. Germer, «A pilot study and randomized controlled trial of the mindful self-compassion program», *Journal of Clinical Psychology* 69, n.° 1, (2013), pp. 28-44.

17. Kristin D. Neff, Stephanie S. Rude y Kristin L. Kirkpatrick, «An examination of self-compassion in relation to positive psychological functioning and personality traits», *Journal of Research in Personality* 41, n.° 4, (2007), pp. 908-916.

18. Kristin D. Neff y Christopher K. Germer, «A pilot study and randomized controlled trial of the mindful self-compassion program», *Journal of Clinical Psychology* 69, n.° 1, (2013), pp. 28-44.

19. Mohebi Mahmoud y Zarei Sahar, «The relationship between mental toughness and self-compassion in elite and non-elite adolescent taekwondo athletes», *Journal of Motor and Behavioral Sciences* 2, n.° 1, (2019), pp. 21-31.

20. Kristin D. Neff, «Self-compassion, self-esteem, and well-being», *Social and Personality Psychology Compass* 5, n.° 1, (2011), pp. 1-12.

21. Jonathan Greenberg, Tanya Datta, Benjamin G. Shapero, Gunes Sevinc, David Mischoulon y Sara W. Lazar, «Compassionate hearts protect against wandering minds: Self-compassion moderates the effect

of mind-wandering on depression», *Spirituality in Clinical Practice* 5, n.º 3, (2018), p. 155.

22. Kristin D. Neff, Ya-Ping Hsieh y Kullaya Dejitterat, «Self-compassion, achievement goals, and coping with academic failure», *Self and Identity* 4, n.º 3, (2005), pp. 263-287.

23. Ulli Zessin, Oliver Dickhäuser y Sven Garbade, «The relationship between self-compassion and well-being: A meta-analysis», *Applied Psychology: Health and Well-Being* 7, n.º 3, (2015), pp. 340-364.

24. Sarah-Jane Winders, Orlagh Murphy, Kathy Looney y Gary O'Reilly, «Self-compassion, trauma, and posttraumatic stress disorder: A systematic review», *Clinical Psychology and Psychotherapy* 27, n.º 3, (2020), pp. 300-329; Regina Hiraoka, Eric C. Meyer, Nathan A. Kimbrel, Bryann B. DeBeer, Suzy Bird Gulliver y Sandra B. Morissette, «Self-compassion as a prospective predictor of PTSD symptom severity among trauma-exposed US Iraq and Afghanistan war veterans», *Journal of Traumatic Stress* 28, n.º 2, (2015), pp. 127-133.

25. Wendy J. Phillips, y Donald W. Hine, «Self-compassion, physical health and health behaviour: A meta-analysis», *Health Psychology Review* 15, n.º 1, (2021), pp. 113-139.

26. Jia Wei Zhang y Serena Chen, «Self-compassion promotes personal improvement from regret experiences via acceptance», *Personality and Social Psychology Bulletin* 42, n.º 2, (2016), pp. 244-258.

27. Véase, por ejemplo, Juliana G. Breines y Serena Chen, «Self-compassion increases self-improvement motivation», *Personality and Social Psychology Bulletin* 38, n.º 9, (2012), pp. 1133-1143.

28. Kristin D. Neff, «Self-compassion, self-esteem, and well-being», *Social and Personality Psychology Compass* 5, n.º 1, (2011), pp. 1-12.

29. Ethan Kross y Özlem Ayduk, «Making meaning out of negative experiences by self-distancing», *Current Directions in Psychological Science* 20, n.º 3, (2011), pp. 187-191.

30. Ethan Kross, Özlem Ayduk y Walter Mischel, «When asking "why" does not hurt distinguishing rumination from reflective processing of negative emotions», *Psychological Science* 16, n.º 9, (2005), pp. 709-715.

31. Ethan Kross y Özlem Ayduk, «Self-distancing: Theory, research, and current directions», *Advances in Experimental Social Psychology*, vol. 55, pp. 81-136, Academic Press, 2017.

32. Igor Grossmann, Anna Dorfman, Harrison Oakes, Henri C. Santos, Kathleen D. Vohs y Abigail A. Scholer, «Training for wisdom: The

distanced-self-reflection diary method», *Psychological Science* 32, n.º 3, (2021), pp. 381-394.

33. Özlem Ayduk y Ethan Kross, «Enhancing the pace of recovery: Self-distanced analysis of negative experiences reduces blood pressure reactivity», *Psychological Science* 19, n.º 3, (2008), pp. 229-231.

34. Igor Grossmann y Ethan Kross, «Exploring Solomon's paradox: Self-distancing eliminates the self-other asymmetry in wise reasoning about close relationships in younger and older adults», *Psychological Science* 25, n.º 8, (2014), pp. 1571-1580.

35. Jordan B. Leitner, Özlem Ayduk, Rodolfo Mendoza-Denton, Adam Magerman, Rachel Amey, Ethan Kross y Chad E. Forbes, «Self-distancing improves interpersonal perceptions and behavior by decreasing medial prefrontal cortex activity during the provision of criticism», *Social Cognitive and Affective Neuroscience* 12, n.º 4, (2017), pp. 534-543. Véase también Adam Waytz, Hal E. Hershfield y Diana I. Tamir, «Mental simulation and meaning in life», *Journal of Personality and Social Psychology* 108, n.º 2, (2015), p. 336.

36. Manoj Thomas y Claire I. Tsai, «Psychological distance and subjective experience: How distancing reduces the feeling of difficulty», *Journal of Consumer Research* 39, n.º 2, (2012), pp. 324-340.

37. Ethan Kross y Özlem Ayduk, «Self-distancing: Theory, research, and current directions», *Advances in Experimental Social Psychology*, vol. 55, pp. 81-136, Academic Press, 2017.

38. Emma Bruehlman-Senecal y Özlem Ayduk. «This too shall pass: Temporal distance and the regulation of emotional distress», *Journal of Personality and Social Psychology* 108, n.º 2, (2015), p. 356.

39. SoYon Rim y Amy Summerville, «How far to the road not taken? The effect of psychological distance on counterfactual direction», *Personality and Social Psychology Bulletin* 40, n.º 3, (2014), pp. 391-401.

40. Ethan Kross y Özlem Ayduk, «Self-distancing: Theory, research, and current directions», en *Advances in Experimental Social Psychology*, vol. 55, pp. 81-136, Academic Press, 2017.

41. Igor Grossmann, Anna Dorfman, Harrison Oakes, Henri C. Santos, Kathleen D. Vohs y Abigail A. Scholer, «Training for wisdom: The distanced-self-reflection diary method», *Psychological Science* 32, n.º 3, (2021), pp. 381-394. Véase también Ethan Kross, Emma Bruehlman-Senecal, Ji-young Park, Aleah Burson, Adrienne Dougherty, Holly Shablack, Ryan Bremner, Jason Moser y Özlem Ayduk, «Self-talk as a regulatory

mechanism: How you do it matters», *Journal of Personality and Social Psychology* 106, n.º 2, (2014), p. 304.

42. Sanda Dolcos y Dolores Albarracín, «The inner speech of behavioral regulation: Intentions and task performance strengthen when you talk to yourself as a You», *European Journal of Social Psychology* 44, n.º 6, (2014), pp. 636-642.

43. Ariana Orvell, Ethan Kross y Susan A. Gelman, «How "you" makes meaning», *Science* 355, n.º 6331, (2017), pp. 1299-1302.

44. Ethan Kross, Brian D. Vickers, Ariana Orvell, Izzy Gainsburg, Tim P. Moran, Margaret Boyer, John Jonides, Jason Moser y Özlem Ayduk, «Third-person self-talk reduces Ebola worry and risk perception by enhancing rational thinking», *Applied Psychology: Health and Well-Being* 9, n.º 3, (2017), pp. 387-409.

45. Jason S. Moser, Adrienne Dougherty, Whitney I. Mattson, Benjamin Katz, Tim P. Moran, Darwin Guevarra, Holly Shablack *et al.*, «Third-person self-talk facilitates emotion regulation without engaging cognitive control: Converging evidence from ERP and fMRI», *Scientific Reports* 7, n.º 1, (2017), pp. 1-9.

46. Este ejemplo proviene de uno de mis libros de empresa favoritos: Chip Heath y Dan Heath, *Decídete. Cómo tomar las mejores decisiones en la vida y en el trabajo*, Gestión 2000, Barcelona, 2014.

47. Minkyung Koo, Sara B. Algoe, Timothy D. Wilson y Daniel T. Gilbert, «It's a wonderful life: Mentally subtracting positive events improves people's affective states, contrary to their affective forecasts», *Journal of Personality and Social Psychology* 95, n.º 5, (2008), p. 1217.

14. Anticipar el arrepentimiento

1. Los pormenores de la historia, así como las motivaciones más profundas de Nobel, no están claros. Además, algunos de los detalles no se sostienen. Véase Troy Lenon, «Swedish inventor Alfred Nobel was spurred by his obituary to create the Nobel Prize», *Daily Telegraph*, 12 de abril de 2018; Evan Andrews, «Did a premature obituary inspire the Nobel Prize?», History.com, 23 de julio de 2020. Disponible en: <https://www.history.com/news/did-a-premature-obituary-inspire-the-nobel-prize> [Consulta: 06/05/2022]. Sin embargo, la historia se ha contado y recontado infinidad de veces, incluso en los discursos de aceptación de los premios Nobel. Véase, por ejemplo, Al Gore, «Discurso del

Premio Nobel de la Paz 2007, Al Gore (Oslo, 10 de diciembre de 2007)», Fundación Nobel, Oslo, 2007.

2. Joyce Chapman, «Leveraging Regret: Maximizing Survey Participation at the Duke University Libraries», blog Ithaka S + R, 23 de mayo de 2017. Disponible en: <https://sr.ithaka.org/blog/leveraging-regret-maximizing-survey-participation-at-the-duke-university-libraries/> [Consulta: 06/05/2022].

3. Nombre de los equipos deportivo de la Universidad Duke. *(N. del e.)*

4. Véanse, por ejemplo, Emily Haisley, Kevin G. Volpp, Thomas Pellathy y George Loewenstein, «The impact of alternative incentive schemes on completion of health risk assessments», *American Journal of Health Promotion* 26, n.º 3, (2012), pp. 184-188; Marcel Zeelenberg y Rik Pieters, «Consequences of regret aversion in real life: The case of the Dutch postcode lottery», *Organizational Behavior and Human Decision Processes* 93, n.º 2, (2004), pp. 155-168. Pero no siempre son efectivas. Véase, por ejemplo, Linnea Gandhi, Katherine L. Milkman, Sean Ellis, Heather Graci, Dena Gromet, Rayyan Mobarak, Alison Buttenheim *et al.*, «An experiment evaluating the impact of large-scale, high-payoff vaccine regret lotteries», *High-Payoff Vaccine Regret Lotteries*, 13 de agosto de 2021. La lotería del arrepentimiento en Filadelfia apenas tuvo efecto alguno en el aumento de las vacunas de la COVID-19.

5. Amos Tversky y Daniel Kahneman, «Advances in prospect theory: Cumulative representation of uncertainty», *Journal of Risk and Uncertainty* 5, n.º 4, (1992), pp. 297-323.

6. Russell D. Ravert, Linda Y. Fu y Gregory D. Zimet, «Young adults' COVID-19 testing intentions: The role of health beliefs and anticipated regret», *Journal of Adolescent Health* 68, n.º 3, (2021), pp. 460-463.

7. Katharina Wolff, «COVID-19 vaccination intentions: The theory of planned behavior, optimistic bias, and anticipated regret», *Frontiers in Psychology* 12, 2021.

8. Noel T. Brewer, Jessica T. DeFrank y Melissa B. Gilkey, «Anticipated regret and health behavior: A meta-analysis», *Health Psychology* 35, n.º 11, (2016), p. 1264.

9. Charles Abraham y Paschal Sheeran, «Deciding to exercise: The role of anticipated regret», *British Journal of Health Psychology* 9, n.º 2, (2004), pp. 269-278.

10. Andrew Steptoe, Linda Perkins-Porras, Elisabeth Rink, Sean Hilton y Francesco P. Cappuccio, «Psychological and social predictors

of changes in fruit and vegetable consumption over 12 months following behavioral and nutrition education counseling», *Health Psychology* 23, n.° 6, (2004), p. 574.

11. Marcela A. Penţa, Irina Catrinel Crăciun y Adriana Băban, «The power of anticipated regret: Predictors of HPV vaccination and seasonal influenza vaccination acceptability among young Romanians», *Vaccine* 38, n.° 6, (2020), pp. 1572-1578.

12. Gretchen B. Chapman y Elliot J. Coups, «Emotions and preventive health behavior: Worry, regret, and influenza vaccination», *Health Psychology* 25, n.° 1, (2006), p. 82.

13. Rene Richard, Nanne K. de Vries y Joop van der Pligt, «Anticipated regret and precautionary sexual behavior», *Journal of Applied Social Psychology* 28, n.° 15, (1998), pp. 1411-1428.

14. Jisoo Ahn y Lee Ann Kahlor, «No regrets when it comes to your health: Anticipated regret, subjective norms, information insufficiency, and intent to seek health information from multiple sources», *Health Communication* 35, n.° 10, (2020), pp. 1295-1302.

15. Jascha de Nooijer, Lilian Lechner, Math Candel y Hein de Vries, «Short and long-term effects of tailored information versus general information on determinants and intentions related to early detection of cancer», *Preventive Medicine* 38, n.° 6, (2004), pp. 694-703.

16. Mark A. Elliott y James A. Thomson, «The social cognitive determinants of offending drivers' speeding behavior», *Accident Analysis and Prevention* 42, n.° 6, (2010), pp. 1595-1605.

17. Tracy Sandberg y Mark Conner, «A mere measurement effect for anticipated regret: Impacts on cervical screening attendance», *British Journal of Social Psychology* 48, n.° 2, (2009), pp. 221-236.

18. Mark Conner, Tracy Sandberg, Brian McMillan y Andrea Higgins, «Role of anticipated regret, intentions, and intention stability in adolescent smoking initiation», *British Journal of Health Psychology* 11, n.° 1, (2006), pp. 85-101.

19. Valentina Carfora, Daniela Caso y Mark Conner, «Randomised controlled trial of a text messaging intervention for reducing processed meat consumption: The mediating roles of anticipated regret and intention», *Appetite* 117, (2017), pp. 152-160.

20. Florian G. Kaiser, «A moral extension of the theory of planned behavior: Norms and anticipated feelings of regret in conservationism», *Personality and Individual Differences* 41, n.° 1, (2006), pp. 71-81.

21. Liz Mayes, «At this workshop, writing your own obit means analyzing your past – or future», *The Washington Post*, 10 de diciembre de 2019.

22. Gary Klein, «Performing a project premortem», *Harvard Business Review* 85, n.º 9, (2007), pp. 18-19. Los lectores avezados advertirán que escribí sobre los *pre mortem* en Daniel H. Pink, *¿Cuándo? La ciencia de encontrar el momento preciso*, Alienta, Barcelona, 2018.

23. Jessica Stillman, «How Amazon's Jeff Bezos made one of the toughest decisions of his career», *Inc.*, 13 de junio de 2016.

24. Juego de lotería estadounidense. *(N. del e.)*

25. Timothy D. Wilson y Daniel T. Gilbert, «Affective forecasting: Knowing what to want», *Current Directions in Psychological Science* 14, n.º 3, (2005), pp. 131-34; Daniel T. Gilbert, Matthew D. Lieberman, Carey K. Morewedge y Timothy D. Wilson, «The peculiar longevity of things not so bad», *Psychological Science* 15, n.º 1, (2004), pp. 14-19. Véase también Matthew T. Crawford, Allen R. McConnell, Amy C. Lewis y Steven J. Sherman, «Reactance, compliance, and anticipated regret», *Journal of Experimental Social Psychology* 38, n.º 1, (2002), pp. 56-63.

26. Daniel T.Gilbert, Carey K. Morewedge, Jane L. Risen y Timothy D. Wilson, «Looking forward to looking backward: The misprediction of regret», *Psychological Science* 15, n.º 5, (2004), pp. 346-350. Véase también Nick Sevdalis y Nigel Harvey, «Biased forecasting of post-decisional affect», *Psychological Science* 18, n.º 8, (2007), pp. 678-681.

27. Itamar Simonson, «The influence of anticipating regret and responsibility on purchase decisions», *Journal of Consumer Research* 19, n.º 1, (1992), pp. 105-118.

28. Maya Bar-Hillel y Efrat Neter, «Why are people reluctant to exchange lottery tickets?», *Journal of Personality and Social Psychology* 70, n.º 1, (1996), p. 17; Jane L. Risen y Thomas Gilovich, «Another look at why people are reluctant to exchange lottery tickets», *Journal of Personality and Social Psychology* 93, n.º 1, (2007), p. 12. La gente también cree que cambiar su billete de lotería aumenta sus probabilidades de ganar.

29. Niels van de Ven y Marcel Zeelenberg, «Regret aversion and the reluctance to exchange lottery tickets», *Journal of Economic Psychology* 32, n.º 1, (2011), pp. 194-200.

30. Jane Beattie, Jonathan Baron, John C. Hershey y Mark D. Spranca, «Psychological determinants of decision attitude», *Journal of Behavioral Decision Making* 7, n.º 2, (1994), pp. 129-144; Sean Wake, Jolie Wormwood y Ajay B. Satpute, «The influence of fear on risk taking: A

meta-analysis», *Cognition and Emotion* 34, n.° 6, (2020), pp. 1143-1159; Allen R. McConnell, Keith E. Niedermeier, Jill M. Leibold, Amani G. El-Alayli, Peggy P. Chin y Nicole M. Kuiper, «What if I find it cheaper someplace else? Role of prefactual thinking and anticipated regret in consumer behavior», *Psychology and Marketing* 17, n.° 4, (2000), pp. 281-298. Las garantías de precio pueden superar la inercia de los consumidores que no compran por temor a que los precios caigan.

31. Richard P. Larrick y Terry L. Boles, «Avoiding regret in decisions with feedback: A negotiation example», *Organizational Behavior and Human Decision Processes* 63, n.° 1, (1995), pp. 87-97.

32. Justin W. Merry, Mary Kate Elenchin y Renee N. Surma, «Should students change their answers on multiple choice questions?», *Advances in Physiology Education* 45, n.° 1, pp. 182-190, Princeton Review, 2021. «Fourteen avoidable mistakes you make on test day». Disponible en: <https://www.princetonreview.com/college-5advice/test-day-mistakes> [Consulta: 06/05/2022].

33. *Ibidem*; Daniel Bauer, Veronika Kopp y Martin R. Fischer, «Answer changing in multiple choice assessment: Change that answer when in doubt – and spread the word!», *BMC Medical Education* 7, n.° 1, (2007), pp. 1-5; Justin J. Couchman, Noelle E. Miller, Shaun J. Zmuda, Kathryn Feather y Tina Schwartzmeyer, «The instinct fallacy: The metacognition of answering and revising during college exams», *Metacognition and Learning* 11, n.° 2, (2016), pp. 171-185. Lo que importa no son los primeros instintos, sino la metacognición: la confianza que tienen los estudiantes en sus respuestas.

34. Justin Kruger, Derrick Wirtz y Dale T. Miller, «Counterfactual thinking and the first instinct fallacy», *Journal of Personality and Social Psychology* 88, n.° 5, (2005), p. 725.

35. Herbert A. Simon, «Rational choice and the structure of the environment», *Psychological Review* 63, n.° 2, (1956), p. 129; Herbert A. Simon, «Rational decision making in business organizations», *American Economic Review* 69, n.° 4, (1979), pp. 493-513.

36. Barry Schwartz, Andrew Ward, John Monterosso, Sonja Lyubomirsky, Katherine White y Darrin R. Lehman, «Maximizing versus satisficing: Happiness is a matter of choice», *Journal of Personality and Social Psychology* 83, n.° 5, (2002), p. 1178.

37. Barry Schwartz, Andrew Ward, John Monterosso, Sonja Lyubomirsky, Katherine White y Darrin R. Lehman, «Maximizing versus satisficing: Happiness is a matter of choice», *Journal of Personality and Social*

Psychology 83, n.º 5, (2002), p. 1178. «Cuantas más opciones haya, más probable es que uno haga una elección que no sea óptima y esta perspectiva puede socavar cualquier placer que uno obtenga de la elección real.»

Coda. Arrepentimiento y redención

1. Dan P. McAdams y P. J. Bowman, «Narrating life's turning points: Redemption and contamination: Narrative studies of lives in transition», *Turns in the road: Narrative studies of lives in transition*, American Psychological Association Press, Washington, DC, 2001; Dan P. McAdams, Jeffrey Reynolds, Martha Lewis, Allison H. Patten y Phillip J. Bowman, «When bad things turn good and good things turn bad: Sequences of redemption and contamination in life narrative and their relation to psychosocial adaptation in midlife adults and in students», *Personality and Social Psychology Bulletin* 27, n.º 4, (2001), pp. 474-485; Dan P. McAdams, «The psychology of life stories», *Review of General Psychology* 5, n.º 2, (2001), pp. 100-122; Dan P. McAdams, *The redemptive self: Stories Americans live by*, edición revisada y ampliada, Oxford University Press, Nueva York, 2013.